GESTÃO DA GASTRONOMIA

CB131175

MISTO
Papel produzido a partir de fontes responsáveis
FSC® C172712
FSC
www.fsc.org

Dados Internacionais de Catalogação na Publicação (CIP)
(Simone M. P. Vieira – CRB 8ª/4771)

Braga, Roberto M. M.
Gestão da gastronomia : custos, formação de preços, gerenciamento e planejamento do lucro / Roberto M. M. Braga. – 6ª. ed. rev. e ampl. – São Paulo : Editora Senac São Paulo, 2021.

Bibliografia.
ISBN 978-65-5536-961-8 (Impresso/2021)
e-ISBN 978-65-5536-962-5 (ePub/2021)
e-ISBN 978-65-5536-963-2 (PDF/2021)

1. Custos – Administração 2. Custos – Planejamento 3. Gastronomia 4. Restaurantes 5. Restaurantes – Administração 6. Serviços de alimentação – Administração I. Título.

21-1428t CDD – 647.95
BISAC BUS071020
BUS081000

Índices para catálogo sistemático:

1. Gastronomia : Gestão : Custos : Restaurantes : Administração e planejamento 647.95
2. Gastronomia : Gestão : Restaurantes : Custos : Administração e planejamento 647.95

Roberto M. M. Braga

GESTÃO DA GASTRONOMIA

Custos, formação de preços,
gerenciamento e
planejamento do lucro

6ª edição
revista e ampliada

Editora Senac São Paulo – São Paulo – 2021

Administração Regional do Senac no Estado de São Paulo
Presidente do Conselho Regional: Abram Szajman
Diretor do Departamento Regional: Luiz Francisco de A. Salgado
Superintendente Universitário e de Desenvolvimento: Luiz Carlos Dourado

Editora Senac São Paulo
Conselho Editorial: Luiz Francisco de A. Salgado
Luiz Carlos Dourado
Darcio Sayad Maia
Lucila Mara Sbrana Sciotti
Luís Américo Tousi Botelho

Gerente/Publisher: Luís Américo Tousi Botelho
Coordenação Editorial: Ricardo Diana
Prospecção: Dolores Crisci Manzano
Administrativo: Verônica Pirani de Oliveira
Comercial: Aldair Novais Pereira

Edição de Texto: Luiz Guasco
Preparação de Texto: Lucimara Carvalho
Coordenação de Revisão de Texto: Janaina Lira
Revisão de Texto: Jussara R. Gomes, Rosa Visconti Kono, Sophia Visconti
Preparação e Revisão das Atualizações: Janaina Lira, Juliana Ramos Gonçalves
Coordenação de Arte: Antonio Carlos De Angelis
Projeto Gráfico: Fabiana Fernandes
Editoração Eletrônica: Antonio Carlos De Angelis, Fabiana Fernandes
Capa: Emerson Basso
Coordenação de E-books: Rodolfo Santana
Impressão e Acabamento: Gráfica Visão

Proibida a reprodução sem autorização expressa.
Todos os direitos desta edição reservados à
Editora Senac São Paulo
Av. Engenheiro Eusébio Stevaux, 823 – Prédio Editora
Jurubatuba – CEP 04696-000 – São Paulo – SP
Tel. (11) 2187-4450
editora@sp.senac.br
https://www.editorasenacsp.com.br

© Roberto Magno Meira Braga, 2008
contato@robertobraga.com

Sumário

Nota do editor

O empreendedorismo no setor de alimentação e de gastronomia, além de cumprir um importante papel no dia a dia de milhões de pessoas que fazem refeições fora de casa, constitui um importante elemento dos serviços ligados ao turismo.

O sucesso nesse tipo de negócio, entretanto, qualquer que seja o porte do empreendimento, deve levar em conta uma série de fatores complexos, como o correto dimensionamento das instalações, estabelecimento de menus, pleno conhecimento dos custos implicados em cada operação, etc.

Em *Gestão da gastronomia*, Roberto Braga detalha de modo objetivo e claro cada uma dessas variáveis, oferecendo ao leitor os instrumentos adequados para o cálculo de suas necessidades financeiras e de suprimentos, por meio de tabelas de planejamento e de acompanhamento que permitem verificar o desempenho do negócio, corrigindo falhas ou otimizando os recursos nele envolvidos.

Com esta publicação, o Senac São Paulo, atento a sua missão de propiciar formação e informação adequadas aos empreendedores do setor comercial, mais uma vez ratifica seu apoio às iniciativas que auxiliem a obter a excelência de produtos e serviços e a boa *perfomance* de iniciativas no segmento.

Prefácio à primeira edição

Conheci Roberto Braga quando ambos cumpríamos missões públicas. Eu como Secretário Executivo do Ministério do Turismo e ele como Secretário do Turismo e Desenvolvimento Econômico da Paraíba. Nos tornamos parceiros em defesa do turismo brasileiro. E, agora, ele me encarrega dessa tarefa de grande responsabilidade que é a de fazer o prefácio deste livro.

É com muito prazer que recomendo *Gestão da gastronomia*, pois se trata de uma publicação obrigatória no dia a dia de todo empreendedor do setor de alimentação fora do lar. Principalmente, no dos pequenos e médios empresários que buscam respostas para os muitos desafios impostos pelo mercado.

A abordagem técnica de questões que fazem parte do cotidiano do empresário é feita pelo autor com uma linguagem simples, que conduz ao conhecimento de conceitos e ao aprendizado de como planejar e realizar. O livro também discute o associativismo e demonstra a sua importância para o fortalecimento do setor.

Gastronomia é um dos itens que agregam valor ao turismo brasileiro. Ela representa a diversidade da cultura do Brasil, que vem de heranças indígena, africana e europeia. É o que a torna rica e diferenciada no mundo. Isso fez com que a política nacional do turismo incluísse a gastronomia como diferencial competitivo no mercado, e muitas são as ações para promover esse entendimento.

Nesse sentido, o setor de alimentação fora do lar integra a cadeia produtiva turística: ofertando o que de melhor e mais criativo o Brasil pode proporcionar aos turistas estrangeiros e nacionais que visitam os destinos espalhados pelas cinco regiões do país.

Neste livro, Roberto Braga coloca à disposição dos empresários do setor ferramentas indispensáveis para a satisfação do cliente/turista: conhecimento técnico, qualidade dos produtos e qualificação dos serviços. Essa é a chave do sucesso expressa nesta publicação.

Boa leitura!

Luiz Barretto

Ministro do Turismo (2008-2010)

PREFÁCIO À QUINTA EDIÇÃO

O empreendedorismo em gastronomia tem despertado grande interesse nos últimos anos, seja pelo elevado padrão técnico que a área tem alcançado devido aos contínuos investimentos na formação acadêmica, seja pelo papel que a gastronomia tem desempenhado no desenvolvimento e na consolidação do turismo.

Observa-se que a formação e o conhecimento técnico são fundamentais para a oferta de bons serviços gastronômicos, contudo a autossustentabilidade do negócio continua a ser um grande desafio.

Muitas iniciativas empreendedoras, que parecem promissoras, não logram sucesso por não considerarem informações fundamentais envolvidas no negócio.

Um dos grandes desafios em transformar ideias em negócios de sucesso é, sem dúvida, a necessidade de levar em conta conhecimentos de custos e formação de preços, incluindo todo o espectro de insumos envolvidos.

Esta obra do engenheiro Roberto Braga preenche uma lacuna das mais importantes na formação em gastronomia ao abordar a questão da gestão do negócio, com foco no dimensionamento dos custos envolvidos, dos aspectos logísticos do empreendimento e do planejamento do lucro.

Compartilhar, de forma expositiva, a sua experiência profissional na área com o devido rigor técnico e teórico é um grande desafio que exige conhecimento e maestria no uso dos pressupostos teóricos envolvidos. São apresentados exemplos práticos e objetivos, de forma didática e em sequência lógica e natural, demonstrando a experiência docente e profissional do autor na área de alimentos.

Nesta obra, é levado a efeito um estudo cuidadoso no qual o leitor vai encontrar os elementos necessários que contribuem tanto para o processo de ensino e aprendizagem em cursos de gastronomia quanto para a atualização de profissionais atuantes na área.

Como educador consciente do papel do empreendedorismo no mundo contemporâneo, é com grande satisfação que recomendo fortemente esta obra, que, na sua quinta edição, promete continuar o sucesso das edições anteriores.

Benedito Guimarães Aguiar Neto

Ex-reitor da Universidade Presbiteriana Mackenzie. Ex-presidente do Conselho de Reitores das Universidades Brasileiras (CRUB)

AGRADECIMENTOS

Quero salientar a satisfação de escrever este livro com meu filho Gustavo, que foi franqueado da loja 500 da Mcdonald's, em Porto Seguro, na Bahia, durante cinco anos. Promovemos uma troca de ideias que enriqueceu o texto, principalmente quando a prática na operação de um restaurante foi exigida.

Agradeço à minha esposa, Yamina Braga, chef de cozinha, formada em gastronomia, que nos ajudou bastante no entendimento da operação de um restaurante, o que nos deu mais segurança na abordagem dos assuntos.

Agradeço a Ednaldo Tavares e a Leneide Maia, proprietários do restaurante Mangai, em João Pessoa, na Paraíba, pela disponibilidade nas repetidas vezes que precisamos checar procedimentos e esclarecer dúvidas, o que muito contribuiu para a qualidade do nosso trabalho.

Agradeço à professora Lília Albeni L. Meireles, do curso de gastronomia da Universidade Novo Milênio do Espírito Santo, que contribuiu para o entendimento de alguns dos assuntos aqui tratados.

Agradeço às professoras Tânia Aparecida C. Ferreira e Mara Reis, da Faculdade de Nutrição de Goiás, pelas discussões sobre alguns temas e pelas informações fornecidas.

Agradeço ao professor José Bonfim Albuquerque Filho, doutor em administração estratégica pela Universidade Federal do Paraná e *professional and executive coach*, certificado pela International Association of Coaching, pelas importantes contribuições advindas de seus *feedbacks* em trabalhos realizados em conjunto.

Agradeço a Robélio Rocha Meira, engenheiro eletricista e consultor, pela sua disponibilidade de tempo e por seu conhecimento profundo e abalizado sobre desperdício de energia, que enriqueceu nossas discussões.

Agradeço, em especial, a meu sobrinho Thiago Lia Fook Meira Braga, homem de letras, formado em direito, poeta e professor de português, que dedicou muito de seu tempo à revisão deste texto.

A Yamina, Pedro Henrique, João Vítor,
Guilherme, Gustavo, Vanessa e Mércia

INTRODUÇÃO

Desde a Antiguidade, comer fora de casa foi sempre uma imposição para aqueles cuja atividade os impossibilitasse de estar de volta ao lar a tempo de saciar a fome. Assim, ao longo do tempo e no mundo inteiro, as cozinhas de rua foram o principal comércio de venda de refeições. As cozinhas de rua ainda presentes em grande número na América Latina, no Oriente Médio e por toda a África, segundo Jean-Robert Pitte escreveu em *A história da alimentação*,[1] cumprem uma função social importante, pois funcionários, estudantes e homens de negócio ficam sentados em

[1] Cf. Jean-Robert Pitte, "Nascimento e expansão dos restaurantes", em Jean-Louis Flandrin & Massimo Montanari, *História da alimentação* (São Paulo: Estação Liberdade, 1998), p. 751.

bancos, lado a lado, protegidos da rua por cortinas curtas, fazendo brincadeiras entre si e com o cozinheiro.

O restaurante, tal como o conhecemos hoje, apareceu no final do século XVIII. A Revolução Francesa, que provocou a fuga e a morte de muitos aristocratas, desempregou os cozinheiros que os serviam. Esses profissionais estabeleceram, então, seus próprios negócios e passaram a oferecer aos plebeus as delícias que até então eram exclusivas dos nobres. A denominação *restaurante* pode ter vindo dos pequenos estabelecimentos conhecidos como *casas de saúde*, que, no final do século XVIII, vendiam um caldo restaurador (*bouillon restaurant*) para as pessoas de posse que se sentiam debilitadas. Esse restaurador, em francês *restaurant*, passou a denominar o lugar em que se serviam alimentos a pessoas que partilhavam o momento da refeição sem se conhecerem entre si.

Desde a segunda metade do século XX até hoje, é surpreendente a proliferação de restaurantes populares que, ao se voltarem para as necessidades da clientela, não só quanto ao sabor e à variedade, mas principalmente no que se relaciona aos preços praticados, têm assustado os restaurantes mais sofisticados por colocarem em risco a sua sobrevivência.

As dificuldades enfrentadas hoje, diante das exigências do mercado, devido à crescente conscientização do cliente acerca de seus direitos, respaldados pelos inúmeros mecanismos de proteção presentes na sociedade, desafiam as empresas na luta pela continuidade de seus negócios; a qualidade já não é mais vantagem competitiva, mas condição de permanência no mercado.

Produzir com qualidade e, agora, com preços baixos exige um conhecimento mais apurado do negócio, principalmente dos custos, para que se consiga construir uma rentabilidade que, além de garantir permanência no mercado, seja capaz de satisfazer as expectativas do empreendedor. Não se conseguem resultados satisfatórios sem se entremear nos interstícios do organismo empresarial com muita competência, pois é lá que, certamente, está a oportunidade mais efetiva e consequente de ganhos reais, na perspectiva da economia livre.

Pensando nesses termos, procurou-se escrever um texto prático que orientasse os pequenos e médios empresários do ramo da gastronomia na formação dos custos de seu restaurante, fornecendo-lhes, inicialmente, uma pequena mas suficiente base teórica, indispensável à compreensão dos conceitos e das técnicas que serão utilizados ao longo do livro. Esses aspectos estão apresentados no capítulo "Conceitos de custo".

O capítulo "Preparando as informações para o custo" trata de um dos pontos mais importantes no cálculo dos custos: a informação. Em geral, os livros sobre o tema não se preocupam com a maneira como as informações devem chegar ao contador ou ao setor de custos, limitam-se a abordar as questões relativas ao cálculo do custo propriamente dito. Para garantir a apropriação adequada dos custos, informações importantes do processo produtivo precisam chegar corretamente ao setor de custos, como, por exemplo, as perdas no processo de produção dos pratos, sucos e drinques, os gastos indiretos com insumos, o apontamento da mão de obra, quando houver setores de produção que a demandem com certa intensidade, como é o caso de uma padaria num restaurante, entre outros. Na verdade, essas questões estão mais ligadas à produção e, portanto, não são abordadas nos livros sobre custos, sendo necessário que o leitor as procure em livros dedicados ao Planejamento e Controle da Produção (PCP). Esse capítulo tem por objetivo garantir ao dono do restaurante uma compreensão mais detalhada de como se organizar para apurar e controlar as informações referentes ao custo, o que facilitará muito a aplicação correta das técnicas de apropriação dos custos, sem a necessidade de contratação de pessoal especializado.

O capítulo "Cálculo do custo total" apresenta o cálculo do custo dos pratos de um cardápio pelo critério de absorção (*full costing*), como base para a formação do preço de venda.

O capítulo "Formação de preços" trata do assunto com riqueza de detalhes, o que dará uma orientação segura de como chegar aos preços de venda dos produtos do restaurante para que se possa submetê-los ao crivo do mercado.

O capítulo "Gerenciando o lucro" aborda uma questão primordial e alerta para a crucial tarefa de cuidar dos custos e das despesas fixas. Mostra como fazer um pequeno planejamento das vendas e como apurar mensalmente, de maneira fácil e simples, os resultados do restaurante. Aborda a questão do retorno financeiro do negócio, para a qual poucos donos de restaurante têm uma resposta. Indica um método de calcular um limite para os custos e despesas fixas, imprescindível para a saúde financeira do restaurante, e ensina como calcular o ponto de equilíbrio do negócio, uma informação relevante para acompanhar o desempenho das vendas no dia a dia. Por fim, mostra a importância de analisar os resultados com base nas informações geradas e na construção de cenários, através dos quais se pode simular o lucro do restaurante quando as variáveis assumem valores dentro de uma realidade possível, dando uma ideia abalizada do que fazer para maximizar o lucro, ou mesmo do que acontecerá com o lucro se algum novo posicionamento com relação a preços, volumes, custos e despesas tiver de ser assumido.

O capítulo "Planejando para o lucro" apresenta, com simplicidade, aspectos importantes e práticos de um planejamento que começa com a escolha de um cardápio apropriado, orienta para o serviço da pós-venda, leva em conta as estatísticas de venda e a pesquisa de mercado. Também mostra como analisar a operação do restaurante, desde o tíquete médio e a disponibilidade e rotatividade de assentos, até uma comparação do desempenho do estabelecimento através do acompanhamento e da comparação dos resultados alcançados.

Além da teoria exibida ao longo deste livro, o anexo 1 traça um roteiro atraente, que vai orientar os gestores de bares e restaurantes a utilizarem os conhecimentos aprendidos segundo uma lógica interessante, cujo foco é o lucro do negócio.

Ao longo do livro várias tabelas serão apresentadas. O download gratuito daquelas mais importantes para a implantação das técnicas aqui explicadas poderá ser feito no site **www.gestaodagastronomia.com.br**, o que permitirá ao leitor usá-las com ou sem adaptações, independentemente de licença prévia do autor. A utilização dessas planilhas deve ser feita, sempre, com o modo *Proteger planilha* ativado, mesmo sem senha, para evitar que equações sejam eliminadas ou alteradas por uso inadequado.

Conceitos de custo

Gastos, custos e despesas

Gastos são todos os desembolsos realizados pelo restaurante para atender seus objetivos. Quando os gastos referem-se à produção dos pratos, inclusive à administração dessa produção, são chamados de custos; quando se referem às atividades de venda dos produtos e à administração, são chamados de despesas.

Vejamos alguns exemplos:

Gasto com a compra de arroz – custo

Gasto com o pagamento de gás – custo

Gasto com a dedetização do restaurante – despesa

Gasto com a dedetização da cozinha – custo

Gasto com a comissão dos garçons – despesa

Gasto com o pró-labore do dono do restaurante – despesa

Gasto com o salário do chef – custo

Gasto com curso para os garçons – despesa

Gasto com frete da carne – custo

Gasto com a nutricionista – custo

Gasto de viagem do cozinheiro para curso – custo

ALGUMAS DÚVIDAS A RESPEITO DA CLASSIFICAÇÃO

O GASTO COM ÁGUA E ENERGIA ELÉTRICA É CUSTO OU DESPESA?

Observe primeiro o valor das contas de água e de energia. Se for muito pequeno, considere como despesa e adicione às despesas fixas. Esse procedimento está de acordo com o conceito de relevância. Ou seja, se o gasto é pequeno não se deve perder tempo para identificar qual o setor que mais consome, se a produção ou a venda. Deve-se considerá-lo como sendo uma despesa e adicioná-lo às despesas fixas, que serão incorporadas ao produto através dos métodos de custeio de que trataremos mais adiante.

Se a conta for elevada, o que se deve quase que totalmente às atividades de produção, considere-a como custo. Esse custo será posteriormente rateado com os produtos, como veremos mais adiante.

Pode-se também determinar, baseando-se em observações ou até mesmo em medições, uma porcentagem do consumo da água e da energia elétrica e utilizá-la para ratear o gasto entre a produção e a administração.

(cont.)

O GASTO COM SEGUROS E COM A MANUTENÇÃO DO PRÉDIO É CUSTO OU DESPESA?

Raciocínio semelhante ao da energia elétrica deve ser adotado. Às vezes, o seguro está diretamente identificado com um determinado equipamento, o que se classificaria como custo. Se há uma apólice de seguro de vida para todos os funcionários, classifica-se esse gasto como administrativo e, portanto, é despesa que deve ser considerada fixa.

Se a manutenção é geral, como uma pintura, pode-se classificar esse gasto como custo ou despesa, mas na lista dos fixos.

Abordagens na análise dos custos

Há diversas formas através das quais se analisam os custos e as despesas. No entanto, não se pode deixar de observá-los sob a ótica de três importantes conceitos:

- Relevância
- Diretibilidade[2]
- Variabilidade

A relevância, o próprio nome já revela, consiste em observar os custos pela sua grandeza em relação ao montante. Na análise dos custos para tomada de decisões, valores irrisórios não devem ser tratados com a mesma atenção dos grandes custos. Isso permite que um pequeno gasto tanto possa ser considerado como custo quanto como despesa, pois a sua influência no resultado é desprezível.

A diretibilidade diz respeito somente aos custos e indica se eles são diretos ou indiretos. Identifica o relacionamento entre o custo e o produto acabado.

---

2 Cf. George Sebastião G. Leone, *Curso de contabilidade de custos* (São Paulo: Atlas, 1997).

Quando direto, o custo é facilmente identificado no produto (matérias-primas e embalagens, por exemplo). Os custos diretos não suscitam dúvidas sobre a que produto pertencem. Quando indiretos, é preciso usar rateios, ou seja, dividi-los segundo um critério, (como veremos mais adiante), para apropriá-los ao produto. São exemplos de custo indireto o salário do cozinheiro, o consumo de gás, a manutenção do fogão, etc.

A variabilidade identifica se o custo ou a despesa são variáveis, fixos, ou semivariáveis. Para classificar os custos e as despesas em fixos ou variáveis, deve-se observá-los em relação ao volume de produção. Isso quer dizer que, se o custo ou a despesa não se alterarem em função do volume produzido ou vendido, eles serão fixos; do contrário, serão variáveis. Custos como o salário do chef, o aluguel do prédio, o seguro das instalações e o pró-labore da diretoria não se modificam se o restaurante produz e vende mais ou menos, portanto são fixos.

Por outro lado, os custos e as despesas como impostos, embalagens ou matéria-prima, mão de obra direta se modificam em função do volume da produção, e são, por isso, considerados variáveis.

Há alguns custos ou despesas que são semivariáveis, quer dizer, apresentam uma parte fixa e outra variável. É o caso da energia elétrica, por exemplo: a iluminação do restaurante independe da quantidade produzida ou vendida, mas a utilização de um equipamento que consuma energia, como um forno elétrico, dependerá do volume produzido daquele produto que o utiliza.

Outro exemplo de custo semivariável é o salários dos colaboradores comissionados pela venda, que costumam receber um salário fixo e outra parcela de acordo com as vendas.

CRITÉRIOS PARA CUSTEIO

A questão mais importante do custeio dos produtos está na forma de considerar os custos indiretos, porque os custos diretos são plenamente identificados com os produtos, bastando disciplinar a forma de apontá-los durante a produção, como veremos mais adiante, quando estudarmos a ficha técnica.

O problema é que, pela dificuldade de conseguir uma base de rateio justa, podem ocorrer erros ou imprecisões toda vez que se rateiam custos. Portanto, de acordo com o objetivo do custeamento pode-se optar por critérios diferentes.

Ratear significa dividir proporcionalmente. E o maior problema é identificar uma grandeza que sirva de base para promover essa proporcionalidade de forma justa. Veja os exemplos da Tabela 1.

Tabela 1

Gasto	Bases de rateio
Energia elétrica	potência instalada (hp); hp × horas funcionamento
Telefone	quantidade de ramais; nº de funcionários por ramal; faturamento
Refeitório	nº de funcionários; faturamento
Água	nº de funcionários; parte pelo nº funcionários e parte estimada para o processo de produção;* faturamento
Seguros	área; valor dos bens segurados; custo primário** de cada setor
Ambulatório	nº de funcionários; custo primário do setor; faturamento

* Ver exemplo no item seguinte.

** O custo primário do setor é aquele apurado antes dos rateios dos custos indiretos.

Como os rateios variam de acordo com a base escolhida, há de se considerar que se podem criar desvios no resultado dos custos. Assim, todo cuidado é necessário para que se faça uma escolha mais justa das bases de rateio.

É fácil concluir que, se um gasto pode ser rateado usando-se diferentes bases, diferentes resultados deverão ser apurados. É aí que reside o maior problema dos rateios. Há vários critérios para custear os produtos, dentre os quais dois são pertinentes para a gastronomia:

- Custeio por absorção
- Custeio direto ou variável

CUSTEIO POR ABSORÇÃO

O critério do custeio por absorção apropria aos produtos ou serviços todos os gastos envolvidos no processo, independentemente de serem eles fixos ou variáveis. Esse sistema utiliza bases de rateio para alocar os custos indiretos de produção, bem como as despesas fixas aos produtos; isso muitas vezes pode causar distorções indevidas, e é fundamental que o custeio por absorção seja utilizado com atenção e cuidado.

Para efetuar o rateio, primeiro escolhe-se uma base – uma grandeza que tenha uma boa correlação com o gasto que se quer ratear pelos produtos. A seguir calcula-se a *taxa de rateio*, também chamada de *taxa de absorção*, que é a razão entre a grandeza que se quer ratear e aquela escolhida como base. Por exemplo, se há uma despesa com seguro de vida para os colaboradores, que paga um valor igual em caso de morte, independente do valor do salário de cada um, uma boa base para ratear o gasto com o seguro seria o número total de funcionários. Se o seguro paga um valor proporcional ao salário do colaborador, a base mais justa é o valor total dos salários pagos. O principal objetivo desse sistema é auxiliar o cálculo do preço de venda dos produtos, pois para calcular esse preço é necessário conhecer o custo total do produto, uma vez que na técnica de precificação, como veremos mais adiante, serão acrescidos apenas os custos variáveis da venda. Assim, todos os custos e as despesas que não sejam as variáveis da venda já precisam estar incluídos no custo total.

Tomemos como exemplo o rateio de um custo indireto, como a energia elétrica: o restaurante contabilizou um gasto de R$ 1.000,00 com energia elétrica. A contabilidade havia feito um levantamento da potência instalada por setor conforme a Tabela 2:

Tabela 2

Setor	Potência (watts)	Horas médias trabalhadas/dia
Produção	5.000	12
Salão do restaurante	1.500	8
Administração	500	8

Uma vez escolhida a base de rateio, calcula-se a taxa de rateio, ou taxa de absorção, que é a razão entre as grandezas envolvidas e que exprime uma grandeza em relação à outra.

Cálculo usando a potência instalada como base de rateio

Potência total = 5.000 + 1.500 + 500 = 7.000 watts
Taxa de rateio = R$ 1.000 / 7.000 = R$ 0,143 / watt
Isto é: R$ 0,143 por watt instalado

Sendo assim, os custos de energia elétrica por setor serão:

Produção:	0,143 × 5.000 =	R$ 714,29
Salão:	0,143 × 1.500 =	R$ 214,29
Administração:	0,143 × 500 =	R$ 71,43
	Total	R$ 1.000,00

Cálculo usando o produto da potência instalada pelas horas trabalhadas como base de rateio

Primeiro vamos calcular o total de watt consumido pelo restaurante.

Produção:	5.000 × 12 =	60.000 watt.h
Salão:	1.500 × 8 =	12.000 watt.h
Administração:	500 × 8 =	4.000 watt.h
Total		76.000 watt.h

Taxa de rateio = R$ 1.000,00 / 760 = R$ 0,013/watt.h
Isto é: R$ 0,013 por watt.h

Sendo assim, os custos de energia elétrica por setor serão:

Produção:	0,013 × 60.000 =	789,47
Salão:	0,013 × 12.000 =	157,89
Administração:	0,013 × 4.000 =	52,63
Total		1.000,00

Se compararmos os resultados obtidos utilizando-se as duas bases de rateio, verificaremos que são diferentes. Levar em conta também as horas trabalhadas é mais correto. Imagine que dois setores tivessem a mesma potência instalada e um deles trabalhasse o dobro do outro. Levando em conta apenas a potência instalada, o rateio de energia dividiria o gasto igualmente para os dois, o que estaria errado.

Observe que, em quaisquer dos cálculos anteriores, cada setor do restaurante recebeu a sua parcela de energia. Pelo critério de absorção será necessário, agora, ratear o custo de energia do setor de produção pelos produtos fabricados, e, para esse novo cálculo, novas bases deverão ser escolhidas. Assim, suponha que o restaurante produz dois produtos e que durante o mês apresentou os seguintes resultados:

Tabela 3

Item	Produto A	Produto B	Total
Produção (unidades)	1.000	500	
Custo unitário de insumos	10,00	12,00	
Custo total de insumos	10.000,00	6.000,00	16.000,00

Cálculo usando o custo total de insumos como base de rateio

Vamos considerar R$ 789,47 como a parcela de energia elétrica que coube à produção dos produtos.

Taxa de rateio = R$ 789,47 / 16.000 = 0,0493 reais de energia por reais de insumo. Assim,

Produto A = 10.000,00 × 0,0493 = R$ 493,00 de energia elétrica

Produto B = 6.000,00 × 0,0493 = R$ 296,00 de energia elétrica

A energia utilizada na fabricação da unidade de cada produto seria:

Produto A = 493,00 / 1.000 = R$ 0,493 de energia por unidade

Produto B = 296,00 / 500 = R$ 0,592 de energia por unidade

Poderíamos utilizar outra base como, por exemplo, a produção em unidades, o que resultaria em cálculos diferentes. Fazer rateios implica, quase sempre, cometer imprecisões. O importante é escolher com cuidado as bases de rateio mais justas possíveis.

Pelo critério de absorção, as parcelas de energia do salão, que devem se somar às despesas da administração, também precisam ser distribuídas aos produtos, o que resultará na necessidade de outras bases de rateio. Normalmente, as despesas de administração ou gerais são rateadas com base no faturamento total do restaurante e vão aos produtos em função do que cada um faturou. Suponha que o restaurante tenha faturado com os dois produtos o que está indicado na Tabela 4 e que as despesas administrativas totais, incluindo a energia elétrica, somaram R$ 5.000,00.

Tabela 4

Item	Produto A	Produto B	Total
Venda (unidades)	1.000	500	
Preço unitário	30,00	35,00	
Faturamento	30.000,00	17.500,00	47.500,00

Cálculo usando o faturamento total como base de rateio

Despesas administrativas: R$ 5.000,00

Taxa de rateio = 5.000 / 47.500 = R$ 0,105 de despesas administrativas por reais de faturamento

Assim,

Produto A = 30.000,00 × 0,105 = R$ 3.159,00 de despesas administrativas

Produto B = 17.500,00 × 0,105 = R$ 1.841,00 de despesas administrativas

O cálculo das despesas administrativas por unidade de cada produto seria:

Produto A = 3.159 / 1.000 = R$ 3,16 de despesas administrativas

Produto B = 1.841 / 500 = R$ 3,68 de despesas administrativas

Vejamos outro exemplo: um restaurante apresentou uma conta de água no valor de R$ 3.000,00 e o contador resolveu estudar o que seria mais conveniente: juntar os R$ 3.000,00 às despesas fixas ou rateá-los de outra maneira pelos produtos.

Se fosse considerado como despesa fixa, o gasto com água seria somado às outras despesas fixas e o total seria rateado tendo como base o faturamento. Para tomar sua decisão, o contador reuniu as seguintes informações adicionais:

a) O consumo de água era, preponderantemente, maior na fabricação dos produtos, por conta da maceração dos cereais, utilizada tanto na fabricação de broas especiais como na produção de uma cerveja caseira.

b) Observou dados da produção e concluiu que 80% do volume de água gasto era devido à maceração.

c) Solicitou ao técnico cervejeiro uma avaliação do consumo na produção e ficou sabendo que 85% da água eram utilizados na cervejaria e 15%, na fabricação das broas.

O contador fez então a sua conta:

80% × 3.000,00 = R$ 2.400,00 de custos da produção

20% × 3.000,00 = R$ 600,00 de despesas fixas

O contador somou os R$ 600,00 à lista das despesas fixas que seriam rateadas com base no faturamento. Em seguida, fez o rateio do gasto de água na produção das broas e da cerveja:

85% × 2.400 = R$ 2.040,00 de custo da cervejaria

15% × 2.400 = R$ 360,00 de custo das broas

Observe que todos os outros produtos fabricados pelo restaurante que aqui não foram mencionados só receberão rateio dos R$ 600,00 de gastos com água, já que a maior parcela desse gasto pertence à broa e à cerveja. Se o contador tivesse considerado o gasto total da água como despesa fixa, o rateio beneficiaria a broa e a cerveja e prejudicaria os outros produtos.

Observe como é importante analisar os gastos indiretos antes de tomar uma decisão apressada. O contador poderia ainda sugerir a instalação de hidrômetros nas linhas de produção para registrar, exatamente, o consumo de água na cervejaria e na fábrica de broas e não ficar, assim, dependendo dos rateios para tomar suas decisões.

Custeio direto ou variável

Pelo critério do custeio direto ou variável, não há rateio dos custos indiretos. Por esse critério, apropria-se aos produtos somente os custos e as despesas diretas e variáveis, tanto da produção como da venda. Os custos fixos são levados para a conta de resultado como despesas do período, não sendo necessário fazer uso de bases de rateio.

A conta de resultado, exemplificada na Tabela 5, é uma demonstração financeira elaborada a partir do faturamento do restaurante, de onde se deduzem os custos diretos variáveis da produção, comumente chamados de *custos dos materiais vendidos* (CMV), e as *despesas variáveis de venda* (DVV), obtendo-se, então, a *margem de contribuição* (MC). Da margem de contribuição, deduzem-se os custos fixos para se chegar ao resultado do mês.

Como o propósito deste tópico é evidenciar a diferença entre os métodos de absorção e custeio direto, somente nos próximos tópicos serão apresentados, com detalhes, os conceitos relativos a CMV, DVV e MC.

O exemplo a seguir demonstra o método do custeio direto, em que os custos fixos não são rateados pelos produtos, o que é a essência desse método. Suponha que o restaurante, ao faturar os produtos A e B, considerou:

ICMS:	2,6%
PIS, Cofins, INSS, IR:	5,4%
Comissão:	3,0%
Propaganda:	2,0%
Total:	13,0%

Isso significa dizer que, de cada real faturado, o restaurante gastará 13% para pagar aqueles itens de despesa. Essa é a despesa variável de venda. Agora se pode elaborar a demonstração de resultado: suponha que as despesas com a mão de obra, no valor de R$ 9.000,00, foram consideradas fixas e, portanto, se somaram às despesas administrativas do restaurante, totalizando R$ 14.000,00. Como no custeio direto ou variável não se rateiam os custos fixos, os R$ 14.000,00 serão levados para a conta de resultado, para o cálculo do resultado bruto, como mostrado na Tabela 5.

Tabela 5

Item	Produto A	Produto B	Total
Unidades vendidas	1.000	500	
Vendas líquidas	30.000,00	17.500,00	47.500,00
Custo direto – produção	10.000,00	6.000,00	16.000,00
Despesa variável das vendas – 13%	3.900,00	2.275,00	6.175,00
Margem de contribuição total	16.100,00	9.225,00	25.235,00
Margem de contribuição unitária	16,10	18,45	
Custos e despesas fixas			14.000,00
Resultado bruto			11.325,00

O principal objetivo desse sistema é o cálculo da margem de contribuição, unitária ou total, que permite calcular com quanto cada produto contribui para pagar os custos fixos que não foram apropriados aos produtos, e ainda gerar lucro.

Custo das mercadorias vendidas (CMV)

O custo das mercadorias vendidas, que num restaurante é comumente chamado de CMV, representa o custo dos insumos especificados na receita culinária e utilizados na preparação dos pratos do cardápio. Também participa do CMV o custo das embalagens que fazem parte do fornecimento de alimentos, como no caso do delivery. O cálculo do CMV é feito na ficha técnica (FT), assunto de um tópico mais adiante, e representa, tão somente, a soma do custo dos insumos e suas perdas. Os outros gastos que ocorrem na cozinha, independentemente de sua natureza, não fazem parte do CMV e são considerados gastos fixos ou custos fixos (CF), como são comumente chamados; esses custos serão detalhados no tópico "Custos e despesas indiretos e fixos", mais adiante.

As perdas no recebimento, na estocagem e no manuseio dos insumos são determinantes do valor do CMV. A preocupação com as perdas revela um campo vasto de atuação da gestão do restaurante para reduzir o valor do CMV com reflexos positivos na rentabilidade do negócio. Veja mais sobre essa questão no anexo 1.

O CMV em percentagem do preço de venda (PV), isto é, CMV% = CMV/PV, é um indicador interessante para avaliar se o restaurante está numa situação confortável em termos dos esforços que deverá empreender para garantir uma boa rentabilidade. Considera-se que um CMV% em torno de 30% é um bom valor, e quanto menor, melhor. No entanto, a rentabilidade de qualquer negócio depende do comportamento de mais outros três indicadores que, conjuntamente, influenciam essa rentabilidade. São eles: a despesa variável da venda (DVV), a margem de contribuição (MC) e o *mix* de venda, que serão apresentados a seguir.

Despesas variáveis da venda (DVV)

A despesa variável da venda (DVV), também expressa em porcentagem do preço de venda (DVV% = DVV/PV), é formada por todos os gastos, que, em porcentagem, incidem sobre o preço de venda de um produto e passam a existir quando há o faturamento desse produto. Definidos em porcentagens do preço de venda, incidem, portanto, sobre o faturamento do restaurante. Entre esses gastos, estão: os impostos (ICMS, PIS, Cofins, CSSL, IR), ou a alíquota única para restaurantes que têm regimes especiais de tributação; a comissão paga aos garçons; as despesas com marketing quando em porcentagem do faturamento; as despesas com os meios de pagamento, como cartões de crédito e débito, tíquetes de pagamento, aplicativos etc.; ou qualquer outro item que incida em porcentagem sobre o faturamento. Alguns desperdícios relacionados ao enxoval do restaurante (como pratos, talheres e toalhas) podem participar da DVV, desde que expressos em porcentagem do faturamento; do contrário, essas despesas irão para os gastos fixos ou custos fixos (CF), o que normalmente acontece. Assim, somente por meio de um acompanhamento mensal dessas perdas é que se deve considerá-las na DVV, para que não comprometam a qualidade dos cálculos. Por outro lado, um controle desses gastos com o enxoval será, certamente, um motivo para delinear metas de redução.

Os valores dessas variáveis que compõem a DVV estão registrados na Tabela 28 – Informações complementares, explicada mais adiante, e que se interliga a outras tabelas que necessitam dessas informações.

Margem de contribuição (MC)

A margem de contribuição (MC) de um produto é o valor que resta depois de descontados de seu preço de venda (PV) os custos dos insumos para produzi-lo (CMV) e as despesas variáveis da venda (DVV). Ou seja, a margem de contribuição é dada pela equação:

MC = PV - CMV - DVV

A MC mostra a capacidade que cada produto do cardápio tem de contribuir, individualmente, para pagar os gastos fixos e gerar lucro para o negócio. Como a MC não contém qualquer custo variável - como se pode observar na equação anterior, na qual o CMV e DVV já foram deduzidos -, ela será utilizada para pagar os gastos ou custos fixos (CF) e gerar lucro. Portanto, se a margem de contribuição total, que é a soma das margens de contribuição de todos os produtos vendidos num período, for igual ao CF do período, o faturamento do restaurante está no ponto de equilíbrio (PE), pois nesse faturamento o lucro é zero, o que define um ponto de equilíbrio. Sendo assim, pode-se dizer que:

MC total = CF	Ponto de equilíbrio
MC total < CF	Prejuízo
MC total > CF	Lucro

A MC de cada produto pode ser expressa em percentagem do preço de venda, bastando, para isso, dividi-la pelo preço de venda, ou seja:

MC% = MC / PV

Por exemplo, se um produto é vendido por R$ 40,00 e tem uma MC igual a R$ 24,00, pode-se dizer que:

MC% = 24 / 40 = 0,60, ou seja, MC% = 60%

A margem de contribuição em porcentagem é importante para calcular o ponto de equilíbrio e o lucro do restaurante a partir de seu faturamento.

Do exemplo anterior, se o restaurante tem um CF = R$ 7.000 no mês e vendeu 100 unidades do referido produto nesse período, então a margem total de contribuição desse produto foi de:

MC total = 100 × 24 = 2.400,00

Portanto, para gerar lucro e superar o custo fixo do mês (R$ 7.000,00), o restaurante precisaria vender mais desse produto ou de outros produtos.

A MC total poderia ter sido calculada, também, multiplicando a MC% do produto pelo seu faturamento no mês, ou seja:

Faturamento = 100 × 40 = 4.000,00

MC total = 4.000 × 60% = 2.400,00

A opção de calcular a MC total multiplicando o faturamento pela margem de contribuição facilita para o gestor, pois o faturamento é um número que ele sempre tem atualizado e em mente. No entanto, o gestor precisa de uma margem de contribuição representativa da venda de todos os produtos para multiplicá-la pelo faturamento, e essa margem precisa ser uma margem média. Essa média, também, não pode ser uma média aritmética comum, porque além de os produtos apresentarem margens de contribuição diferentes, eles participam do faturamento de forma desigual, pois, em geral, vendem em quantidades e preços diferentes. Portanto, a média aritmética ponderada é a adotada, e os pesos que ponderam as margens e a contribuição de cada produto é, logicamente, a porcentagem de sua participação no faturamento total do restaurante. O conjunto das proporções do valor da venda de cada produto em relação ao faturamento total do restaurante é conhecido como *mix* de vendas. Desse modo, multiplica-se a margem de contribuição de cada produto pela sua proporção ou *mix*, como é comumente chamada, e se obtém a parcela do produto na margem de contribuição média do período. Assim, a margem de contribuição média, ou MC% média, pode ser dada pela equação a seguir:

$$MC\%\ \text{média} = \Sigma(MC_{P1} \times Mix_{P1} + MC_{P2} \times Mix_{P2} + \ldots + MC_{Pn} \times Mix_{Pn})$$

Em que:

$MC_{P1} \times Mix_{P1}$ é a multiplicação da margem de contribuição do produto P1 pelo seu *mix*, e assim por diante.

Cada parcela ($MC_{Pn} \times Mix_{Pn}$) reflete a importância do produto na rentabilidade do restaurante, e a soma de todas essas parcelas fornece a MC% média. Sendo assim, no faturamento do PE se escreve:

$$MC\%\ \text{média} \times PE = CF$$

PE representa o faturamento do ponto de equilíbrio, em que o lucro é zero. Deduz-se, então, que:

$$PE = CF \,/\, MC\%\ \text{média}$$

Essa valiosa equação mostra ao gestor que, para alcançar o menor PE possível – meta de qualquer restaurante –, deve-se aumentar a MC% média e/ou diminuir o CF. Trata-se de dois caminhos, que apontam as melhores soluções para levar o restaurante a uma rentabilidade que compense o investimento feito. O anexo 1 apresenta detalhes importantes desses caminhos.

A análise da variação do valor da MC% média ao longo dos meses certamente contribuirá para um conhecimento mais aprofundado do comportamento das vendas e da rentabilidade, colaborando para a criatividade.

COMPARANDO OS CRITÉRIOS

A fim de comparar como se comportam o custeio por absorção e o custeio direto ou variável, tomemos o exemplo de um restaurante que produz cinco tipos de produto, A, B, C, D e E. As informações relativas ao último mês de operação estão na Tabela 6. Nesse mês, os custos indiretos de produção somaram R$ 14.000,00, e as despesas indiretas de administração e vendas atingiram R$ 12.000,00.

Tabela 6

Discriminação	A	B	C	D	E
Unidades vendidas	1.000	800	1.500	600	800
Preço unitário de venda	25,00	24,00	22,00	22,00	17,00
Custo unitário variável de produção	10,00	12,00	11,00	9,00	5,00
Custo unitário variável de vendas	6,50	6,20	5,70	5,70	4,40

Lembrando que o custo unitário variável de produção corresponde aos gastos com matérias-primas e embalagem, e que o custo unitário variável de venda corresponde aos gastos com todos aqueles itens que variam diretamente com o faturamento dos produtos, vamos calcular:

1 – A margem bruta unitária e total de cada produto e a margem bruta total da empresa, utilizando o critério de custeio por absorção.

Tabela 7 Análise dos custos pelo critério de absorção

Gasto fixo do mês 26.000,00	Produtos					
	A	B	C	D	E	Total
Quantidade vendida	1.000	800	1.500	600	800	4.700
Preço de venda	25,00	24,00	22,00	22,00	17,00	
Faturamento bruto	25.000,00	19.200,00	33.000,00	13.200,00	13.600,00	104.000,00
Taxas de absorção do gasto fixo pelo faturamento bruto	0,25	0,25	0,25	0,25	0,25	
Gasto fixo absorvido por produto	6.250,00	4.800,00	8.250,00	3.300,00	3.400,00	26.000,00
Gasto fixo absorvido por unidade	6,25	6,00	5,50	5,50	4,25	
Custo variável unitário de produção	10,00	12,00	11,00	9,00	5,00	
Despesa variável unitária de venda	6,50	6,20	5,70	5,70	4,40	
Custo total por unidade	22,75	24,20	22,20	20,20	13,65	
Margem bruta por unidade	2,25	(0,20)	(0,20)	1,80	3,35	
Margem bruta total	2.250,00	(160,00)	(300,00)	1.080,00	2.680,00	5.550,00

Taxa de absorção = 26.000 / 104.000 = 0,25 (reais de custo fixo por reais de faturamento)

Gasto fixo absorvido por produto = 0,25 x 25.000 = 6.250 (para o produto A)

2 – A margem de contribuição unitária e total de cada produto e a margem bruta total da empresa, utilizando o critério do custo variável.

Tabela 8 Análise pelo critério do custo variável

Despesa fixa do mês 26.000,00	Produtos					
	A	B	C	D	E	Total
Quantidade vendida	1.000	800	1.500	600	800	4.700
Preço de venda	25,00	24,00	22,00	22,00	17,00	
Faturamento bruto	25.000,00	19.200,00	33.000	13.200,00	13.600,00	104.000,00
Custo variável unitário de produção	10,00	12,00	11,00	9,00	5,00	
Custo variável unitário de venda	6,50	6,20	5,70	5,70	4,40	
Margem de contribuição unitária	8,50	5,80	5,30	7,30	7,60	
Margem de contribuição total	8.500,00	4.640,00	7.950,00	4.380,00	6.080,00	31.550,00
Despesas fixas						26.000,00
Margem bruta total						5.550,00

Diante dos cálculos, podemos observar que o resultado da margem bruta total é o mesmo para os dois métodos, já que o faturamento é o mesmo e todos os custos envolvidos entraram nos cálculos realizados para os dois critérios.

No critério por absorção, rateiam-se os custos e as despesas fixas pelos produtos e pode-se notar que os produtos B e C apresentaram resultados negativos.

Pelo critério do custo variável, os custos e as despesas fixas não são rateados entre os produtos, mas são levados para a conta de resultado, no final. Esse método apresenta a margem de contribuição por produto, indicando com quanto cada produto contribui para pagar as despesas fixas. Note que, no cálculo pelo critério por absorção, os produtos B e C apresentaram margem bruta negativa, o que acontece porque esses produtos não suportam o quinhão do rateio que lhes coube. Mas se analisarmos o cálculo feito pelo método do custo direto ou variável, vemos que os produtos B e C têm margem de contribuição positiva. Isso é muito importante, porque, caso o produto seja descontinuado por apresentar uma margem bruta negativa, a parte dos gastos fixos que ele pagava terá que ser paga por outro produto, o que poderia provocar transtornos nas finanças da empresa. O que se observa é que o rateio dos custos fixos entre os produtos, como se faz no critério por absorção, compromete o poder de análise. Portanto, o critério por absorção deve ser usado apenas para calcular o custo total se o objetivo for calcular o preço de venda. O critério do custeio direto permite a observação da real lucratividade de cada produto, o que é de suma importância para as políticas de preços e para as ações de marketing, além de orientar, com mais segurança, possíveis mudanças no processo de elaboração dos produtos.

A seguir são apresentadas simulações para o caso de se descontinuar o produto C e depois o B e o C, que apresentaram margens brutas negativas pelo critério de absorção.

Os cálculos foram realizados pelos dois critérios, que mostram corretamente os mesmos resultados.

Eliminando o produto C e depois o B e o C, ao mesmo tempo, pelo critério de absorção

Tabela 9 Análise dos custos pelo critério de absorção

Gasto fixo do mês	Produtos					
26.000,00	A	B	C	D	E	Total
Quantidade vendida	1.000	800		600	800	3.200
Preço de venda	25,00	24,00		22,00	17,00	
Faturamento bruto	25.000,00	19.200,00		13.200,00	13.600,00	71.000,00
Taxas de absorção do gasto fixo pelo faturamento bruto	0,37	0,37		0,37	0,37	
Gasto fixo absorvido por produto	9.154,93	7.030,99		4.833,80	4.980,28	26.000,00
Gasto fixo absorvido por unidade	9,15	8,79		8,06	6,23	
Custo variável unitário de produção	10,00	12,00		9,00	5,00	
Custo variável unitário de venda	6,50	6,20		5,70	4,40	
Custo total por unidade	25,65	26,99		22,76	15,63	
Margem bruta por unidade	(0,65)	(2,99)		(0,76)	1,37	
Margem bruta total	(654,93)	(2.390,99)		(453,80)	1.099,72	(2.400,00)

Tabela 10 Análise dos custos pelo critério de absorção

Gasto fixo do mês	Produtos					
26.000,00	A	B	C	D	E	Total
Quantidade vendida	1.000			600	800	2.400
Preço de venda	25,00			22,00	17,00	
Faturamento bruto	25.000,00			13.200,00	13.600,00	51.800,00
Taxas de absorção do gasto fixo pelo faturamento bruto	0,50			0,50	0,50	
Gasto fixo absorvido por produto	12.548,26			6.625,48	6.826,25	26.000,00
Gasto fixo absorvido por unidade	12,55			11,04	8,53	
Custo variável unitário de produção	10,00			9,00	5,00	
Custo variável unitário de venda	6,50			5,70	4,40	
Custo total por unidade	29,05			25,74	17,93	
Margem bruta por unidade	(4,05)			(3,74)	(0,93)	
Margem bruta total	(4.048,26)			(2.245,48)	(746,25)	(7.040,00)

Eliminando o produto C e depois o B e o C, ao mesmo tempo, pelo critério do custo variável

Tabela 11 Análise pelo critério do custo variável

Gasto fixo do mês	Produtos					
26.000,00	A	B	C	D	E	Total
Quantidade vendida	1.000	800		600	800	3.200
Preço de venda	25,00	24,00		22,00	17,00	
Faturamento bruto	25.000,00	19.200,00		13.200,00	13.600,00	71.000,00
Custo variável unitário de produção	10,00	12,00		9,00	5,00	
Custo variável unitário de venda	6,50	6,20		5,70	4,40	
Margem de contribuição unitária	9,00	6,00		7,00	8,00	
Margem de contribuição total	8.500,00	4.640,00		4.380,00	6.080,00	23.600,00
Despesas fixas						26.000,00
Margem bruta total						(2.400,00)

Tabela 12 Análise pelo critério do custo variável

Gasto fixo do mês	Produtos					
26.000,00	A	B	C	D	E	Total
Quantidade vendida	1.000			600	800	2.400
Preço de venda	25,00			22,00	17,00	
Faturamento bruto	25.000,00			13.200,00	13.600,00	51.800,00
Custo variável unitário de produção	10,00			9,00	5,00	
Custo variável unitário de venda	6,50			5,70	4,40	
Margem de contribuição unitária	8,50			7,30	7,60	
Margem de contribuição total	8.500,00			4.380,00	6.080,00	18.960,00
Despesas fixas						26.000,00
Margem bruta total						(7.040,00)

Observa-se que a empresa foi para o negativo quando se eliminou o produto C e apresentou-se mais negativa ainda quando se eliminaram o B e o C. Atente para o fato de que esses produtos tinham margens de contribuição positivas. O prejuízo que apresentaram na análise do resultado pelo critério de absorção mostra que esses produtos não suportaram pagar todo o rateio que lhes foi imputado, mas pagaram parte dele. Ao serem descontinuados, transferiram para os outros produtos a parte que lhes cabia de gasto fixo, sobrecarregando os produtos que restaram, os quais não geram margem de contribuição suficiente para pagar a nova carga de rateio, ocasionando prejuízos à empresa.

Uma empresa só aumenta seu ganho ou diminui seu prejuízo se eliminar um produto que apresente margem de contribuição negativa, pois o produto não pagará sequer os custos efetivos de sua elaboração nem as despesas efetivas pela sua venda. Nesse caso, sua descontinuidade seria aconselhada, se vista pelo lado financeiro. Mesmo assim, antes de qualquer descontinuidade, aspectos estratégicos devem ser levados em consideração, além do salutar exercício de redução de custos e de desperdícios que muitas vezes recuperam a lucratividade de um produto.

Margem de contribuição em porcentagem e ponto de equilíbrio para vários produtos

A margem de contribuição pode ser calculada como uma porcentagem do preço de venda. Isso é muito útil, pois permite utilizá-la para o cálculo do ponto de equilíbrio da empresa quando se opera com vários produtos. A porcentagem é obtida dividindo-se a margem de contribuição de um produto pelo seu preço de venda e multiplicando-se o resultado por cem. No exemplo anterior, a margem de contribuição do produto A é R$ 8,50, o que corresponde a 34% do seu preço de venda, que é R$ 25,00, pois:

$$MC_A = 8,50 / 25 = 0,340 \times 100 = 34,0\%$$

Da mesma forma,

$$MC_B = 5,80 / 24 = 0,242 \times 100 = 24,2\%$$
$$MC_C = 5,30 / 22 = 0,241 \times 100 = 24,1\%$$
$$MC_D = 7,30 / 22 = 0,332 \times 100 = 33,2\%$$
$$MC_E = 7,60 / 17 = 0,447 \times 100 = 44,7\%$$

O cálculo do ponto de equilíbrio quando a empresa tem vários produtos é feito calculando-se uma margem de contribuição média. Essa margem leva em conta o *mix* de venda, isto é, a participação de cada produto no faturamento total do restaurante. Do exemplo anterior, conforme a Tabela 7, calcula-se a porcentagem da venda de cada produto em relação ao total vendido, que é o *mix* de venda. Assim teríamos:

Mix de venda

Produto	*Mix* de venda	MC %	Participação na margem média
A	24,04%	34,00%	8,17%
B	18,46%	24,20%	4,47%
C	31,73%	24,10%	7,65%
D	12,69%	33,20%	4,21%
E	13,08%	44,70%	5,85%
Margem média			30,35%

Os valores da coluna *Participação na margem média* são calculados multiplicando-se os valores da coluna *Mix de venda* pelos da coluna *MC%*.

O cálculo do ponto de equilíbrio (PE) seria:

PE = Custo fixo / Margem média, ou seja:
PE = 26.000 / 30,35% ou PE = 26.000 / 0,3035 = R$ 85.667,22

Daí pode-se calcular o faturamento por produto e a quantidade a ser produzida, conforme se observa na Tabela 13:

Tabela 13 Cálculo da contribuição por produto

Produto	*Mix* de venda	MC	Faturamento por produto ($)	Contribuição por produto ($)	Unidades por produto
A	24,04%	34,00%	20.594,40	7.002,10	824
B	18,46%	24,20%	15.815,88	3.827,44	659
C	31,73%	24,10%	27.183,06	6.551,12	1.236
D	12,69%	33,20%	10.872,88	3.609,80	494
E	13,08%	44,71%	11.205,27	5.009,55	659
		PE ($)	85.667,22	26.000,00	3.872

A LÓGICA DAS SIMPLIFICAÇÕES

Já se afirmou que o custo de energia elétrica, quando for baixo, deverá ser somado às despesas fixas. Há uma série de exemplos iguais que ocorrem num restaurante e que devem ser tratados da mesma forma. No entanto, deve-se evitar mandar determinados custos para a lista dos fixos sem uma análise, mesmo que superficial. Por exemplo, se numa casa de massas funciona também uma pizzaria com forno a lenha, o custo da lenha, que é um custo indireto, deve ser somado aos outros indiretos do processo de preparação das pizzas e juntos rateados pelo número de pizzas produzidas. O custo da lenha não deve ser incluído na lista das despesas fixas do restaurante, pois ele se identifica perfeitamente com as pizzas. É importante analisar com cuidado como os custos indiretos acontecem para que se adote um procedimento inteligente no momento de abordá-los.

CONTROLE DAS VENDAS E *MIX*

Há várias maneiras de fazer o controle das vendas de um bar ou restaurante. Os smartphones, tablets, QR codes, cardápios eletrônicos etc. transmitem as ordens dos clientes direto para a cozinha, melhorando o atendimento e evitando que o garçom se ausente do salão; essas ferramentas se interligam aos softwares que administram essas informações, gerando relatórios indispensáveis à gestão dos restaurantes.

Se a empresa não dispõe de algum desses softwares, pode utilizar a Tabela 14 – Controle de vendas e *mix* de vendas, a seguir, que fornece informações necessárias à gestão do lucro, como o faturamento, o *mix* de venda, os tíquetes médios etc. Essa tabela está interligada a outras duas: a Tabela 18 – Ficha Técnica e a Tabela 35 – Preços e margem de contribuição, as quais serão apresentadas mais adiante. Para facilitar a compreensão das tabelas, faça o download gratuito de todas aquelas editáveis no site do livro: www.gestaodagastronomia.com.br.

As colunas B, C, D e AL da Tabela 14 estão interligadas às mesmas colunas da Tabela 35. Sem digitação, preenchem, respectivamente, as seguintes informações: "Produto", "Nº FT", "Modalidade" e "Preço venda".

Também na Tabela 14, a coluna E, "Álcool", especifica se o produto é do grupo alcoólico; isso é feito digitando-se a letra "B" (de bebida) quando for o caso, o que permitirá somar a venda separada dos alcoólicos, na célula AO8, por meio da função SOMASE do Excel.

As colunas de F a AJ correspondem aos 31 dias do mês e são referentes ao movimento diário das vendas, por tipo de produto. O total diário de ordens, independentemente do tipo de produto, está no topo da tabela, na linha 10, "Totais ordem dia", com valor acumulado através de soma em "Total mês" (célula AK10).

A quantidade de clientes que passa diariamente pelo restaurante é apontada na linha 9, sob o nome "Total clientes dia", com valor acumulado por meio de soma em "Total mês" (célula AK9). A linha 9 é semelhante à linha 10, e a diferença entre elas é que na linha 10 as informações não são digitadas, pois são equações de soma, enquanto na linha 9 o número de clientes precisa ser digitado.

A coluna AK, "Qt. ordens mês", registra o total de ordens no mês por tipo de produto.

A coluna AM, "Peso pós-cocção", é uma informação que vem da Tabela 18, necessária para calcular o faturamento relativo aos produtos do self-service, assinalados na coluna "Modalidade" (D) com a palavra "SELF". Quando o produto é do self-service, o faturamento leva em conta o peso pós-cocção, pois o preço de venda é fornecido por kg.

Tabela 14 Controle de vendas e *mix* de vendas

TM_A = Tíquete médio – alimentos
TM_B = Tíquete médio – bebidas
A&B = Alimentos e bebidas

Mês:			
		TM	
TM_A	-	TM_B	-
Venda total mês			-
Venda total self-service (FT)			-
Vendas de bebidas alcoólicas			-
Vendas de A&B não alcoólicos			-
Total *mix* %			-

	1	2	3	4	...	30	31	Total Mês
Total clientes dia								-
Totais ordens dia	-	-	-	-	-	-	-	-

Produto	Nº FT	Modal.	Álcool "B"	Dias do mês 1	2	3	4	...	30	31	Qt. ordens mês	Preço de venda	Peso pós-cocção kg/FT	Total venda / FT	*Mix* mês %
-	FT1										-	-		-	-
-	FT2										-	-		-	-
-	FT3										-	-		-	-
-	FT4										-	-		-	-
-	FT5										-	-		-	-
-	FT6										-	-		-	-
-	FT7										-	-		-	-
-	FT8										-	-		-	-
-	FT9										-	-		-	-
-	FT10										-	-		-	-
-	FT11										-	-		-	-
-	FT12										-	-		-	-
-	...										-	-		-	-
-	FT155										-	-		-	-
-	FT156										-	-		-	-
-	FT157										-	-		-	-
-	FT158										-	-		-	-
-	FT159										-	-		-	-
-	FT160										-	-		-	-

A função SOMASE do Excel calcula o faturamento self-service (célula AO7), bem como a venda de bebidas alcoólicas (célula AO8), já referenciada anteriormente; esses faturamentos são retirados da coluna AN, cuja soma exibe a "Venda total mês" (célula AO6). Por diferença (AO6 - AO8), a célula AO9 apresenta a "Venda de A&B não alcoólicos". Na gastronomia, A&B significa alimentos e bebidas.

A última coluna (AO) calcula o "*Mix* mês", exibindo a importância de cada item do cardápio no faturamento do restaurante, além de ser necessário ao cálculo da margem de contribuição média e do ponto de equilíbrio na simulação da operação na Tabela 42, a qual será estudada mais adiante.

No topo da Tabela 14 ainda aparecem cálculos simples dos tíquetes médios, assunto que será apresentado mais adiante e que é de relevante importância à análise da operação.

PREPARANDO AS INFORMAÇÕES PARA O CUSTO

Este capítulo trata de um assunto de grande importância para o cálculo dos custos e dos preços dos produtos.

Os livros sobre custos, em geral, abordam somente os conceitos de custos e os métodos de calculá-los, mas não se importam com uma tarefa primordial: a forma como as informações precisam ser coletadas, registradas e tratadas, a fim de facilitarem o cálculo dos custos. Na verdade, esse assunto relaciona-se mais à área de produção do que à de custos. Veremos, pois, a seguir, como preparar uma série de informações indispensáveis aos nossos objetivos.

FATOR DE CORREÇÃO DOS ALIMENTOS

Uma grande parte dos insumos utilizados na preparação dos produtos não está pronta para o uso e necessita ser manipulada, o que provoca perdas, as quais precisam ser computadas no cálculo dos custos. Na verdade, o dono do restaurante pagou pela quantidade total, mas parte dela será jogada fora no pré-preparo dos produtos; isso encarece o custo de aquisição daqueles insumos, já que o preço pago será dividido por uma quantidade menor por conta das perdas. Portanto, devem-se registrar essas perdas e tratá-las convenientemente. Algumas tabelas, elaboradas em universidades, apresentam, para alguns insumos, fatores que corrigem essas perdas. Esse fator, chamado de *fator de correção* (FC), mede a relação entre o peso bruto (PB) e o peso limpo (PL) do alimento. Alguns autores chamam esse fator de *indicador de parte comestível* (IPC). Entende-se por peso bruto o peso na forma em que o insumo é adquirido; e por peso limpo o peso depois de o insumo ser limpo e estar pronto para ser utilizado pelo chef. Ou seja, após o pré-preparo. Podemos então escrever:

FC = PB / PL

ou

PB = PL × FC

ou ainda

PL = PB / FC

Tomemos o exemplo de um restaurante que recebeu de seu fornecedor 10 kg de alface-crespa e após a limpeza pesou 6,85 kg. O fator de correção será:

FC = 10 / 6,85 = 1,46

Se o restaurante adquiriu 20 kg de filé-mignon e no pré-preparo pesou 15,63 kg, o fator de correção será:

FC = 20 / 15,63 = 1,28

No cálculo do custo, como veremos na ficha técnica, o valor pago pela alface-crespa será dividido por 6,85 kg e não por 10 kg; o mesmo acontecerá com a carne cuja aquisição considerada será de 15,63 kg em vez dos 20 kg.

Se o chef indica na receita que precisa de determinada quantidade de um alimento, ele está se referindo à quantidade limpa que irá utilizar na preparação do prato. Logo, é necessário calcular quanto do alimento precisa ser pesado ou medido (peso bruto) para que, ao limpá-lo ou deixá-lo pronto para o uso (pré-preparo), ele pese ou meça o que foi indicado na receita.

Se, por exemplo, a receita indica 20 g de azeitonas, e o fator de correção da azeitona é 1,28, usamos a fórmula PB = PL × FC e temos:

PB = 20 × 1,28 = 25,60 g

Isso quer dizer que na hora de calcular o custo do prato, deverão ser considerados 25,60 g de azeitonas e não os 20 g especificados na receita. Basear-se nos pesos e medidas da receita para calcular seu custo é deixar de considerar todos os desperdícios envolvidos.

Algumas vezes, o restaurante oferece um prato especificando o peso do alimento cru. Por exemplo, o Restaurante Spetáculo, em Vitória, no Espírito Santo, oferece costelas de porco de 500 g. Se o restaurante tem uma estatística de que esse prato tem uma demanda de vinte solicitações por dia, e a compra das costelas é feita por semana, o dono do restaurante, sabendo que o fator de correção para a costela de porco é 1,08, deverá fazer o seguinte cálculo:

PL = 20 pratos × 7 dias × 500 g = 70.000 g ou 70 kg
PB = 70 × 1,08 = 75,60 kg

Isso quer dizer que deverão ser comprados 75,60 kg de costela, pois 5,60 kg serão desperdiçados na limpeza da carne. Nesse caso, o fator de correção é utilizado para determinar a quantidade a ser comprada a fim de oferecer ao cliente o que está especificado no cardápio: costeletas de porco de 500 g.

Outra aplicação interessante do fator de correção é permitir observar e comparar a qualidade do fornecimento dos insumos. Às vezes, o restaurante opta por um preço mais baixo, mas precisa ficar atento aos desperdícios. Quanto maior o desperdício, maior o fator de correção e menor a qualidade do fornecedor. Os insumos de alto consumo ou caros precisam ser analisados com frequência e acuidade.

Há épocas em que certos alimentos estão fora da safra e apresentam problemas de qualidade com alterações significativas nas perdas. As variações apresentadas pelo fator de correção podem identificar esses períodos e ajudar a planejar medidas inteligentes, que permitam manter a qualidade dos pratos oferecidos sem grandes elevações de seu custo.

A Tabela 15 exibe duas colunas para o fator de correção: a coluna "Fator literatura" e a coluna "Fator medido". A coluna "Fator literatura" já apresenta o valor para a maioria dos insumos. Esses valores são retirados da literatura sobre o assunto, e, muitas vezes, não representam o valor correto para um restaurante, pois vários aspectos influenciam no cálculo do fator de correção de um insumo, como a região de cultivo; a cultura local; os vícios do produtor ou do fornecedor do insumo, que muitas vezes não eliminam sujidades e outros materiais estranhos durante a colheita; os métodos de recebimento dos insumos pelo restaurante etc. Sendo assim, é importante checar os valores da literatura antes de aceitá-los como verdades imutáveis. A segunda coluna, "Fator medido", é utilizada para registrar o valor do fator de correção que foi, efetivamente, medido no restaurante. O modo de medir esse fator será assunto do próximo tópico.

A importância de existirem essas duas colunas é para garantir que, no cálculo do custo do produto, não se deixe de considerar as perdas no recebimento, as chamadas perdas primárias, que estão expressas no fator de correção. O fator de correção de cada insumo vai, automaticamente, para a Tabela 18 – Ficha técnica (FT), que será apresentada logo adiante, garantindo que as perdas sejam consideradas no custo. O programa escolherá o fator de correção que estiver digitado na Tabela 15, dando prioridade ao valor medido, e só escolherá o valor de literatura no caso de não existir o valor medido. Caso as duas colunas estejam em branco, o cálculo é interrompido até que um valor do fator de correção seja digitado em uma das duas colunas. É a garantia de considerar as perdas no cálculo do custo.

Na Tabela 15 há uma macro, que no Excel é uma sub-rotina, que executa tarefas pré-determinadas. Essa macro tem a função de classificar o fator de correção por ordem alfabética dos insumos. Para isso, basta clicar no botão da macro que aparece na parte superior da tabela.

Alguns cuidados precisam ser tomados para que a macro sempre funcione corretamente. Um deles é nunca eliminar qualquer linha dessa tabela no caso de um insumo ser eliminado. Se houver essa necessidade, selecione o nome do insumo e os valores que lhe são correspondentes ao logo da linha da tabela, e delete as informações das células correspondentes, o que fará com que aquela linha da tabela fique vazia. Quando o botão da macro for clicado para classificar a tabela na ordem alfabética, a linha em branco irá para o final da tabela, e a ordem alfabética será executada. Sempre que adicionar um novo insumo, inclua-o no final da tabela e clique no botão da macro. Se vários insumos forem adicionados ao mesmo tempo, para ganhar tempo, inclua-os no final de tabela para depois clicar no botão da macro. Os nomes dos insumos nessa tabela precisam estar digitados no mesmo formato que foram digitados na planilha da Tabela 19 – Acompanhamento do custo de aquisição dos insumos. Essa questão será explicada no tópico que fala da Tabela 19.

Qualquer tabela do Excel que contenha macro, ao ser aberta no computador pela primeira vez, solicita autorização para executá-la. Para isso, aparece uma mensagem na tela do computador solicitando essa autorização, que precisa ser confirmada.

Ainda com relação aos valores de literatura para o fator de correção, deve-se ter muita atenção a eles, pois poderão provocar informações distorcidas sobre a rentabilidade de um prato do cardápio. Por exemplo, se um restaurante utiliza polvo, o valor do fator de correção poderá variar de forma expressiva, a depender de como esse molusco é comprado, se inteiro ou semiprocessado. Observe que o valor de literatura do polvo na tabela é 5,01, que equivale a uma perda em torno de 80% (esse cálculo será apresentado no próximo tópico). Se for adquirido semiprocessado, apesar de muito mais caro, o fator de correção poderá ser muito mais baixo, aproximando-se de 1,0. Caberá ao gestor fazer as contas e decidir a forma de comprar o molusco. Peixes, moluscos e crustáceos, de maneira geral, apresentam grandes variações no valor do fator de correção, dependendo de como são adquiridos.

A grande maioria dos insumos de um restaurante terá fator de correção igual a 1, por não apresentarem perdas no recebimento; é o caso dos óleos, dos cereais e leguminosas (como feijão, arroz, farinhas), dos enlatados, das bebidas etc. Já os ovos, cuja casca natural não é aproveitada na receita, pode não apresentar perdas no recebimento, mas apresenta perda no uso, pois a casca do ovo é jogada fora; assim, o fator de correção é maior que 1.

Tabela 15 Fator de correção

Insumo	Fator Literatura	Fator Medido	Insumo	Fator Literatura	Fator Medido
Abacate	1,36		Alcatra	1,16	
Abacaxi	1,83		Alface-crespa	1,46	
Abiu	1,51		Alface-lisa	1,31	
Abóbora	1,33		Alho	1,08	
Abóbora-moranga	1,30		Alho-poró	1,62	
Abobrinha	1,26		Almeirão	1,12	
Abricó	1,27		Ameixa (conserva)	1,00	1,00
Açafrão-espanhol	1,00	1,00	Ameixa fresca	1,25	
Açaí	9,61		Amêndoa	1,81	
Acelga	1,42		Amendoim com casca	2,00	
Acém	1,17		Amendoim sem casca	1,35	
Acerola	1,33		Amora	2,11	
Açúcar cristal	1,00	1,00	Ananás	1,78	
Agrião	1,78		Anona	2,44	
Agulha	1,14		Araçá	1,16	
Aipo	1,34		Arenque	1,78	
Alcachofra	2,08		Arroz integral	1,01	1,00

(cont.)

Insumo	Fator Literatura	Fator Medido	Insumo	Fator Literatura	Fator Medido
Arroz parbolizado	1,00	1,00	Camarão sem cabeça	1,58	
Arroz tipo 1	1,00	1,00	Caqui	1,08	
Asa de frango	2,24		Cará	1,08	
Asa e sobreasa de frango	1,81		Carambola	1,23	
Aspargo	2,00		Carne de caranguejo	7,76	
Atum	1,18		Carpa	2,56	
Avelã	2,09		Caruru	2,00	
Azeitona com caroço	1,28		Castanha-de-caju assada	1,00	1,00
Bacalhau	2,52		Castanha-do-pará	1,00	1,00
Banana-d'água	1,66		Castanha-portuguesa	1,00	1,00
Banana-figo	1,47		Cavalinha	1,20	
Banana-maçã	1,58		Cebola	1,53	
Banana-marmelo	1,56		Cebolinha	1,18	
Banana-ouro	1,22		Cenoura	1,16	
Banana-prata	1,51		Cereja	1,22	
Banana-são-tomé	1,31		Chã de dentro	1,11	
Banana-da-terra	1,39		Cheiro-verde	1,10	
Batata congelada	1,06		Chicória-crespa	1,35	
Batata-doce	1,21		Chicória-lisa	1,13	
Berinjela	1,08		Chuchu	1,35	
Beterraba	1,53		Cidra	1,54	
Bofe	1,07		Cioba	1,11	
Bredo	1,56		Coco maduro	1,79	
Brócolis	2,56		Coco verde	3,02	
Broto de bambu	3,33		Coco-babaçu	4,00	
Bucho	1,11		Coco-da-baía	1,88	
Buriti	4,76		Coentro	1,26	
Cação	1,18		Contrafilé	1,25	
Cacau	3,57		Coração	1,30	
Cajá	1,61		Cordoniz	1,49	
Cajá-manga	1,61		Corvina	1,19	
Cajú	1,26		Costela grossa	1,08	
Camarão inteiro	2,75		Costela três ripas	1,13	

(cont.)

Insumo	Fator Literatura	Fator Medido	Insumo	Fator Literatura	Fator Medido
Couve	1,50		Garoupa	1,13	
Couve-flor	2,24		Galo	1,25	
Coxa de frango	1,50		Gelo	1,10	1,10
Coxão duro	1,08		Gengibre	1,11	
Coxão mole	1,05		Goiaba	1,22	
Cupuaçú	1,67		Goma de tapioca	1,00	1,00
Damasco seco	1,00	1,00	Grão-de-bico	1,00	1,00
Dourado	1,18		*Grapefruit* (toranja)	2,78	
Enchova	1,00		Graviola	1,37	
Enguia	1,31		Hamburger	1,00	1,00
Erva-doce	1,40		Hortelã	1,36	
Ervilha (conserva)	1,03		Inhame	1,40	
Ervilha fresca	2,00		Jaca	4,13	
Escarola	1,71		Jiló	1,08	
Espada	1,16		Jurubeba	1,19	
Espinafre	1,79		Kiwi	1,11	
Estrujão	1,17		Lagarto	1,15	
Faisão	1,81		Lagosta	2,78	
Farinha de mandioca	1,00	1,00	Lagosta inteira	8,33	
Fava	1,04		Lambari	1,20	
Fava fresca	2,94		Laranja	1,77	
Feijão-branco	1,00	1,00	Laranja-baía	1,56	
Feijão em geral	1,00	1,00	Laranja-da-terra	1,72	
Feijão-mulatinho	1,00	1,00	Laranja-lima	1,59	
Figo seco	1,03		Laranja-pera	1,61	
Figo verde	1,11		Lentilha	1,02	
Filé mignon	1,28		Lima-da-pérsia	1,51	
Filé de peito de frango	1,39		Limão comum	2,26	
Frango	2,05		Limão-galego	2,27	
Fruta-pão	1,30		Língua	1,20	
Fruta-do-conde	1,33		Linguado	2,56	
Funcho	1,07		Linguiça calabresa	1,00	1,00
Galinha	1,72		Linguiça defumada	1,00	1,00
Ganso	1,69		Lula	1,16	

(cont.)

Insumo	Fator Literatura	Fator Medido	Insumo	Fator Literatura	Fator Medido
Maçã	1,24		Ovo de galinha-d'angola	1,12	
Macaxeira	1,31		Ovo de perua	1,13	
Macaxeira descascada	1,00	1,00	Ovo de tartaruga	1,10	
Mamão	1,63		Pá bovina	1,65	
Maminha	1,26		Pacu	1,13	
Manga	1,61		Paleta bovina	1,12	
Mangaba	1,32		Palmito	2,04	
Manga-espada	1,51		Pão de hamburger	1,00	1,00
Manjerona	1,25		Patinho bovino	1,14	
Maracujá	2,04		Pato	1,56	
Marisco	1,88		Patola de caranguejo	3,45	
Marmelo	1,45		Peito de frango	1,25	
Mastruço	1,96		Peixe-rei	1,81	
Maxixe	1,05		Peixinho	1,16	
Melancia	2,12		Pepino	1,17	
Melão	1,04		Pera	1,20	
Merluza	1,66		Perdiz	2,56	
Mexilhão	3,45		Peru	1,64	
Milho seco	1,47		Pescadinha	2,00	
Milho-verde	2,43		Pescado	1,19	
Milho-verde em conserva	1,00	1,00	Pescoço de frango	2,17	
Miolo	1,16		Pêssego	1,25	
Molho rosé	1,00	1,00	Picanha bovina	1,27	
Morango	1,12		Pimentão	1,57	
Mostarda	1,51		Pinhão	1,72	
Músculo	1,12		Pintado	1,03	
Nabo	1,11		Piranha	1,20	
Nêspera	1,32		Pitanga	1,23	
Ostra	2,15		Pitomba	2,50	
Ovo de codorna	1,13		Polpa de abacaxi	1,00	1,00
Ovo de galinha	1,13		Polvo	5,01	
Ovo de gansa	1,12		Pombo	1,66	
Ovo de marreca	1,15		Ponta do peito bovino	1,71	
Ovo de pata	1,15		Quarto dianteiro bovino	1,15	

(cont.)

Insumo	Fator Literatura	Fator Medido	Insumo	Fator Literatura	Fator Medido
Quarto traseiro bovino	1,59		Soja	1,88	
Queijo parmesão ralado	1,00	1,00	Surubim	1,57	
Quiabo	1,31		Tainha	1,22	
Rã	1,17		Taioba	1,15	
Rabanete	1,10		Tâmara	1,15	
Repolho	1,35		Tamarindo	2,08	
Rim bovino	1,25		Tangerina	1,36	
Robalo	2,08		Tartaruga de rio	4,76	
Romã	1,89		Tartaruga-do-mar	4,16	
Rúcula	1,57		Tomate	1,61	
Salmão	2,17		Tremoço	1,88	
Salsa	1,44		Truta	2,04	
Sapoti	1,33		Uva	1,11	
Sardinha	1,70		Uva-branca	1,21	
Serra	1,12		Uva-escura	1,30	
Siri	1,68		Uva-preta	1,31	
Sobreasa de frango	1,50		Vagem	1,26	
Sobrecoxa de frango	1,31		Xaréu	1,16	

CÁLCULO DO FATOR DE CORREÇÃO E CONTROLE DOS DESPERDÍCIOS

A Tabela 16 apresenta uma sugestão para calcular o fator de correção dos insumos e, ao mesmo tempo, seus desperdícios. Os fornecedores de um mesmo insumo são registrados na mesma tabela com seu nome e a data do fornecimento, junto a outras duas informações do suprimento: o "Peso bruto" e o "Peso limpo". A partir daí, a perda e o fator de correção são calculados, automaticamente, com base nesta equação, já vista: FC = PB / PL.

Essas perdas são decorrentes de sujidades da colheita; da limpeza, no caso das carnes; de estragos decorrentes da embalagem; do congelamento, em que pode haver muito gelo incorporado ao insumo; do transporte malfeito; das variações de peso etc. Essas perdas, como já mencionado, são chamadas de perdas primárias.

A Tabela 16 é muito útil, também, na seleção e no controle dos fornecedores. Quando estes são registrados na tabela, fica fácil identificar qual deles trabalha com mais qualidade, oferecendo perdas menores. Ao saber que estão sob controle, os fornecedores passarão a se preocupar com a qualidade prometida, o que contribui para melhorar os custos dos insumos. É essencial que o restaurante defina, em comum acordo com os fornecedores, um valor máximo para o fator de correção de cada insumo e a forma de compensar o que estiver acima desse valor, seja corrigindo para menor o peso líquido na entrada, seja efetuando desconto no pagamento (se o produto já vier faturado com nota fiscal), o que precisaria de um procedimento administrativo adequado. Com o tempo, o restaurante vai fazendo uma seleção dos fornecedores pela qualidade, o que, estando tudo sob regras claras, fortalecerá um relacionamento comercial sadio.

Em função do histórico de fornecimento de determinado insumo, o restaurante deve escolher o valor do fator de correção e registrá-lo na primeira linha da coluna "FC" da Tabela 16. Esse valor também deve constar na coluna "Fator medido" da Tabela 15, o que será utilizado no cálculo dos custos e da rentabilidade do restaurante, na ficha técnica, como se verá mais adiante.

Tabela 16 Cálculo do fator de correção (FC)

Alimento: escarola							Mês: out.	
Nº	Fornecedor	Data	Peso		Perda		FC	Visto
			Bruto	Limpo	kg	%		
							1,72	
1	Pedro Henrique	5/10/16	8,00	4,64	3,36	42,00	1,72	
2	João Vítor	9/10/16	12,00	6,90	5,10	42,50	1,74	
3	Guilherme	14/10/16	10,00	5,80	4,20	42,00	1,72	
4	Pedro Henrique	21/10/16	4,00	2,30	1,70	42,50	1,74	
5	Pedro Henrique	25/10/16	11,00	6,40	4,60	41,82	1,72	
6	João Vítor	30/10/16	7,00	4,10	2,90	41,43	1,71	
7								
8								
9								
10								

O trabalho do setor de recebimento dos insumos num restaurante é essencial, mas comumente poucos restaurantes dedicam a esse trabalho a adequada preocupação. A começar pela quantidade de pessoas que compram e outras tantas que recebem; além disso, algumas vezes são as mesmas pessoas que executam as duas tarefas, o que deve ser evitado, para impedir problemas com a disciplina. Uma boa atitude do gestor é criar rotinas para o recebimento dos insumos, as quais, na verdade, são simples procedimentos operacionais padrões (POPs). Essas rotinas levam em conta o tipo de insumo e suas características próprias de fornecimento, transporte, armazenagem etc. As rotinas precisam ser adotas após serem discutidas com o fornecedor, num clima de parceria.

Um exemplo muito comum é o camarão. Há restaurantes que recebem esse crustáceo mais de uma vez por semana. Sem controle, o fornecedor põe mais gelo e mais água gelada, o que ocasiona um aumento considerável de peso. Na hora de receber o camarão, seu peso só deverá ser confirmado depois que ele permanecer um tempo numa peneira adequada, para que o excesso de água seja retirado. Esse procedimento e a classificação desse crustáceo pelo tamanho, segundo as normas do mercado, bem como o fator de correção máximo aceito, estão entre as regras que precisam ser acordadas com o fornecedor para um relacionamento comercial sadio e prolongado.

ÍNDICE DE COCÇÃO DOS ALIMENTOS

O índice de cocção (IC) é a relação entre o peso cozido (PC) e o peso limpo (PL) do alimento. Assim podemos escrever que:

$$IC = PC / PL$$

Esse índice expressa a perda de água ou a retração das fibras de um insumo, como é o caso das carnes e vegetais, ou a absorção de água, no caso dos cereais e leguminosas, durante a cocção. O IC é muito importante para os restaurantes que cobram por peso. Para uma mesma porção de carne crua e limpa, podem-se obter pesos diferentes na balança de venda se a carne estiver bem ou malpassada.

Na criação de um prato, o índice de cocção é sempre observado pelo chef para que as porções servidas sejam generosas ou bem calculadas. Para isso, o chef define primeiro o peso final do prato (PC) que lhe parecer conveniente e divide-o pelo (IC). Dessa forma, obterá o peso limpo (PL), que usará na preparação da receita. Evidentemente, ele fará suas adaptações para obter valores fáceis e apropriados.

Suponhamos que o chef decidiu que um prato de carne nobre, cujo índice de cocção é de 0,65 para a carne ao ponto, deverá dispor de 200 g da carne após a preparação. Então, ele fará a seguinte conta:

PL = 200 / 0,65 = 307,69 g

Para facilitar a preparação, o chef vai arredondar o peso para 300 g, o que fará com que o prato servido ao cliente tenha apenas 5 g de carne a menos que os 200 g decididos por ele. Observa-se, assim, como é importante a utilização do índice de cocção.

Esse índice também é utilizado por nutricionistas para garantir o aporte necessário de nutrientes nas dietas. Índice de cocção menor que 1,0 significa perda de peso durante a cocção; maior que 1,0 indica ganho de peso.

A Tabela 17 apresenta o índice de cocção para grupos de alimentos.

Devido à dificuldade de se obter índices de cocção para a maioria dos ingredientes, mesmo porque são valores que variam muito com o grau de cocção, o mais correto é, ao desenvolver a receita, pesar os ingredientes depois de preparados e obter o peso total da receita. Esse peso é o Peso após cocção, que deve ser anotado diretamente na Ficha Técnica. Em seguida, calcula-se, também na ficha técnica, o Fator de cocção da receita, expressando assim o ganho ou a perda de peso em relação ao peso limpo total. Dessa forma, o índice de cocção e a quantidade após cocção, que correspondem às duas últimas colunas da ficha técnica, servem apenas de orientação ao chef para um cálculo do IC de um ingrediente que o chefe resolveu pesá-lo separadamente. Por exemplo, foi garantido ao chef que o arroz, quando processado em um forno combinado, aumenta seu IC de 2,5 para 3,0, o que é muito importante para os custos. Assim, essa conta poderá ser registrada nessas colunas. Observe que os dados registrados nelas não participam de qualquer cálculo posterior. O chef poderá, assim, comparar os IC's de ingredientes similares, a fim de decidir por um produto que traga mais vantagem após a cocção, principalmente se o restaurante for um self-service, que vende por quilo. A compreensão desses procedimentos ficará mais clara com a leitura do próximo tópico sobre a ficha técnica.

Tabela 17 Índice de cocção

Alimento	Índice de cocção
Carnes com muita gordura (2ª ou 3ª, suína)	0,4 a 0,5
Carnes com pouca gordura (nobre e 1ª)	0,6 a 0,7
Cereais (arroz, aveia, milho, trigo, canjica)	2,0 a 3,0
Hortaliças (folhosos)	
> Calor misto (com pouco tempo)	0,5 a 0,6
> Calor misto (refogar com água)	0,4 a 0,5
Legumes (frutos)	0,6 a 0,7
Leguminosas (feijões, grão-de-bico, soja, lentilha)	2,0 a 2,5
Tubérculos	0,9 a 1,0

Fonte: Bernardes SM. Laboratório Técnica Dietética - Centro Universitário São Camilo - 1999

FICHA TÉCNICA DOS PRODUTOS

Entre as principais preocupações do dono de um restaurante - além do lucro, que sempre deverá ser a primeira –, está a de garantir a qualidade dos produtos produzidos, tanto do ponto de vista da segurança alimentar, quanto da confiabilidade do processo para obtê-los, reduzindo ao máximo os desvios em relação ao padrão definido no projeto do produto.

A ficha técnica (FT) é um instrumento valiosíssimo para o gerenciamento do restaurante. Ela é a guardiã da conformidade às especificações da receita culinária e, por isso, já constitui um padrão a ser perseguido pelo restaurante, servindo inclusive para a avaliação do desempenho do pessoal da cozinha em termos de seu cumprimento. A FT considera as perdas e ganhos dos insumos - pois opera com o fator de correção e o peso pós-cocção –, mantém atualizados os preços dos insumos e considera variáveis que são determinantes da rentabilidade do negócio.

A FT é o coração do sistema de gestão do lucro, e quando o restaurante dispõe de todo o seu cardápio devidamente contemplado nessas fichas, estará bem próximo de desfrutar de informações valiosas de sua rentabilidade, podendo enxergar as melhores alternativas para a tomada de decisões com riscos bem menores. Confira, na Tabela 18, como elaborar uma ficha técnica.

Tabela 18 Ficha técnica – FT1

Produto	
Data de criação	
Data da última alteração	
Modalidade	
Rendimento em porções	

Embalagens (somente restaurante delivery)			
Tipo	Qt.	Ct. Unitário	Total
			–
		Total	–

Ingredientes	Qt. limpa	Un.	Custo unitário	FC	Qt. bruta	Custo insumo
		kg			–	–
		kg			–	–
		kg				
		kg				
		kg				
		kg				
		kg				
		kg				
		kg				
		kg				
		kg				
		kg				
		kg				
		kg				

Peso total bruto	kg	–	Preço de venda	R$	–
Peso total limpo	kg	–	Desp. var. venda (% PV)	%	0,00%
Peso pós-cocção	kg		Margem de contribuição	R$	–
Fator de cocção da receita	-	–	Margem de contribuição	%	0,0%
Custo total insumos	R$	–	CMV da porção (% PV)	%	0,0%
Custo merc. vendidas (CMV)	R$ por porção	–	Embalagem no CMV	%	0,0%
CMV sem embalagem	R$	–			

Modo de preparo

Assinatura do chef

Como elaborar a ficha técnica

Para compreender mais facilmente a Tabela 18, podemos dividi-la em cinco conjuntos de informações. Cada um deles contém células destacadas em cinza-escuro, cujo preenchimento será necessário. As outras células sem destaque serão preenchidas automaticamente, ou por cálculos, cujas equações já estão definidas nas próprias células, ou por estarem interligadas a células de outras tabelas.

O primeiro conjunto de informações especifica, além do número da FT no topo da tabela, o nome do produto, com as datas de criação da receita e de sua última alteração, o que é importante para a história do restaurante. Já o item "Modalidade" será explicado um pouco mais adiante, neste mesmo tópico. O item "Rendimento em porções", por sua vez, registra o número de porções que serão disponibilizadas em função da quantidade de insumos prevista na receita. Por exemplo, se o restaurante vende bolinhos de bacalhau por unidade, a quantidade de bolinhos produzida por uma receita poderá ser digitada em "Rendimento em porções" (célula C7); nesse caso, o CMV (célula D31) será expresso em R$/porção, fornecendo o custo de um bolinho, pois nesse cálculo o custo total de insumos (célula D30) será dividido pelo total de porções (célula C7), ou seja, D31 = D30 / C7. No entanto, se o restaurante prepara certa quantidade de bolinhos e os serve como um prato inteiro, o rendimento em porções (célula C7) deverá ser considerado igual a 1, e o custo do CMV será igual ao custo total dos insumos, pois D31 = D30 / 1.

No caso de self-service, há uma diferença importante a considerar: a cozinha não atende diretamente ao cliente, pois trabalha para atender o salão desse serviço. Por isso, na célula C6 precisa ser digitada a palavra "self" ou "SELF", e toda receita produzida, independentemente do tamanho, deverá ter o rendimento em porções igual a 1 (célula C7), porque o produto vai todo de uma vez, para ser pesado na balança e consumido em porções pelos clientes. No caso do exemplo dos bolinhos de bacalhau, não interessa ao restaurante saber o preço de um bolinho, pois a venda vai ser feita por quilo, na balança, e, na maioria das vezes, junto com outros produtos. É por isso que aparece, na Tabela 18, a figura do "Peso pós-cocção". Esse peso deverá ser digitado na célula D28, que está no quarto conjunto de informações, com destaque em cinza-escuro, e considera a perda ou o ganho pelo cozimento, se existir. Por exemplo, se o produto for um arroz, haverá ganho de peso, mas se for uma carne, haverá perda pelo cozimento.

Portanto, quando se trata de self-service, a equação do CMV, na célula D3, só será calculada se na célula C6, no primeiro grupo, for digitada a palavra "self". Uma vez digitada, a unidade do CMV (célula C31) já é, automaticamente, alterada de R$/porção para R$/kg, e o cálculo do CMV será feito dividindo o custo total dos insumos pelo peso pós-cocção, que está na célula D28; ou seja, CMV = D30 / D28. Caso o peso pós-cocção não seja digitado, aparecerá a mensagem "PESE" na célula D31, do CMV, lembrando que é necessário pesar e digitar esse peso na célula D28 para que o cálculo seja efetivado. Caso um produto não passe por cocção e seja um produto "self", seu peso pós-cocção será igual ao "Peso limpo" (célula D27), e precisa ser digitado na célula D28. O peso pós-cocção deve ser colhido na balança da cozinha após o preparo final do prato, e precisa ser checado com certa frequência, pois tem influência sobre a rentabilidade do self-service, além de ser um indicador de como a cozinha está seguindo a receita culinária da FT.

No segundo conjunto de elementos da tabela, está a receita culinária, que compreende a lista de ingredientes e o peso limpo de cada um, que é aquele que consta da receita, e que deve ser informado na unidade padrão, o quilo. Essas informações devem ser digitadas, como já foi observado, nas áreas em cinza-escuro, correspondentes. O custo unitário e o fator de correção de cada insumo devem ser interligados aos seus correspondentes, respectivamente a Tabela 19 (que será explicada mais adiante) e a Tabela 15. Quanto ao fator de correção, deve-se escolher, sempre, o "Fator medido", a não ser que não haja valor digitado nessa célula; assim, a escolha recairá sobre o "Fator literatura". No caso de também não existir o valor de literatura, o gestor terá de encontrar um fator de correção para digitar, a fim de conseguir fazer o cálculo completo. Esse procedimento garante a inclusão das perdas primárias no custo, questão já explicada no tópico do fator de correção. No caso de ingredientes adquiridos em unidades de volume (como l e ml), que é o caso dos azeites e óleos, o peso limpo deve ser informado em quilo. Na apresentação da Tabela 19 serão dados exemplos de como fazer a conversão de l e ml para kg.

O terceiro grupo é dedicado ao delivery e apresenta as embalagens que são utilizadas para esse fim. Como as embalagens são consideradas insumos, elas precisam ser igualmente cadastradas na Tabela 19. Assim, da mesma forma que se dá com os ingredientes, precisamos digitar o nome e a quantidade de embalagens, e o seu custo unitário correspondente deve ser interligado com a Tabela 19. O custo total de embalagens faz parte do CMV, exibido na célula D31.

O quarto grupo é dedicado aos resultados decorrentes das escolhas feitas, com exceção da já comentada célula D28, com destaque em cinza-escuro, que é a única a ser digitada nesse grupo. As outras células exibem cálculos realizados na própria tabela, sendo que a célula H26 está interligada à Tabela 35, que fornece o preço de venda do produto, enquanto a célula H27 está interligada à Tabela 28, que informa o valor da DVV. Essas tabelas serão apresentadas mais adiante.

O quinto e último conjunto de informações se refere ao modo de preparo definido pelo chef, que assina a ficha técnica. Para atingir um bom nível de qualidade, é fundamental que haja um método bem detalhado de preparo dos alimentos, que permita aos cozinheiros repetirem a mesma receita, com qualidade semelhante, sem grandes desvios, que poderiam provocar insatisfação aos clientes.

Atenção: o número das células citadas e referenciadas neste tópico poderá sofrer alteração se houver aumento de linhas na tabela.

Custo de aquisição dos insumos

O custo dos insumos é determinante da rentabilidade de um restaurante. Sendo assim, selecionar bons fornecedores, torná-los parceiros e controlar a qualidade de suas entregas são fatores decisivos para o sucesso do negócio. Além dessa preocupação, há outras não menos importantes, como o custo da logística - que inclui o frete - e os impostos. A falta de planejamento dos estoques força o restaurante a efetuar compras quase diárias para suprir a falta de insumos, e essas compras normalmente são realizadas a preços mais caros, além de demandarem, muitas vezes, funcionários diversos para realizá-la, criando uma indisciplina indesejável na logística do abastecimento. Atualmente, associações ligadas a restaurantes promovem a formação de grupos de compras, os quais têm contribuído para a redução dos custos de aquisição dos insumos.

Os tributos também são pesadelos para as empresas, principalmente pelas alterações que ocorrem, com frequência, ao longo de períodos curtos. Por isso, requerem muita atenção junto ao contador da empresa para tirar o melhor proveito de programas de benefícios fiscais, por meio de regimes tributários diferenciados com reflexos importantes na lucratividade do restaurante.

A tarefa de comprar pode ser bastante facilitada com um mínimo de organização. Para isso, segue uma sugestão na Tabela 19 - Acompanhamento do custo de aquisição dos insumos. Essa tabela tem várias finalidades. A primeira delas é organizar as compras, permitindo que o comprador possa dispor de informações importantes, como os preços de compra de cada insumo ao longo do ano. Isso facilita a negociação e a barganha com os fornecedores, inclusive para procurar alternativas de fornecimento se forem detectadas variações extravagantes.

Outra finalidade da Tabela 19 é chamar a atenção para as variações do custo de aquisição, o que permite planejar o aumento de preço no cardápio se a variação não puder ser suportada pelos preços correntes, nem ser compensada pela eficiência nos processos.

A tabela ainda disponibiliza, visualmente, a série de preços ao longo do ano, identificando períodos de sazonalidade, com antecedência, o que ajuda na tomada de decisões, tanto de comprar como de planejar mudanças estratégicas do cardápio. Além disso, essa tabela é o único local onde o custo dos insumos dá entrada no sistema de gestão do lucro.

Para cada mês da Tabela 19, há uma coluna "Preço" e outra "Custo". Na coluna "Preço", registra-se o preço de aquisição do insumo, aquele negociado com o fornecedor. Na coluna "Custo", registra-se o custo final do insumo, onde o preço do fornecedor é acrescido de eventuais fretes, impostos incidentes etc. Os insumos, assim, recebem todos os custos que incidem sobre eles até chegarem ao estoque do restaurante. Sempre que o custo de um insumo for alterado, essa informação precisa ser digitada nessa tabela, pois, como já dito, ela está interligada com todas as fichas técnicas, promovendo a atualização imediata dos preços no cálculo dos custos. A unidade padrão utilizada é o kg, portanto todos os custos devem ser calculados por kg. Alguns insumos adquiridos em unidades de volume – como o litro (l) e o mililitro (ml) – precisam ser convertidos para kg; para isso, utiliza-se a densidade. É o caso dos óleos e azeites, cuja densidade gira em torno de 900 kg/m^3 = 900 g/l = 0,9 kg/l.

Uma maneira prática de transformar l em kg é multiplicar a quantidade em litros por 0,9. Ou seja, 1 l = 1 × 0,9 = 0,9 kg. Se o óleo for comprado em ml, então o mais prático é dividir a quantidade por 1.000 para transformá-la em l e, depois, multiplicá-la por 0,9 para obter o volume equivalente em kg. Por exemplo:

Uma garrafa de óleo de canola com 900 ml custa R$ 10,00. Qual é o preço do kg?

900 ml = 900 / 1.000 = 0,900 l = 0,900 × 0,9 = 0,810 kg

Preço por kg = 10,00 / 0,810 = R$ 12,35

Um garrafa de 1 l de azeite é comprada por R$ 20,00. Qual é o preço do kg?

1 l = 1 × 0,9 = 0,9 kg

Preço por kg = 20,00 / 0,9 = R$ 22,22

Já no caso de vinagres, vinhos, conhaques e bebidas em geral, considera-se que esses líquidos têm a mesma densidade da água, que é igual a 1.000 kg/m³, ou seja, 1 l equivale a 1 kg. As variações de densidade podem ocorrer, mas não são expressivas.

A coluna "Mês", a terceira da Tabela 19, sempre recebe, por meio de recurso do Excel, a informação do custo do insumo que estiver digitado no último mês na coluna "Custo". Por isso, as atualizações do custo dos insumos devem ser digitadas na tabela para permitir a atualização automática das fichas técnicas.

Nessa tabela, também há uma macro cuja função é classificar a lista de insumos em ordem alfabética toda vez que for acionada, bastando, para isso, clicar no botão da macro que aparece na parte superior da tabela. Essa macro funciona da mesma forma que aquela da Tabela 15, e os mesmos cuidados com relação ao seu uso precisam ser adotados. Deve-se ter atenção ao eliminar um insumo dessa tabela: não se pode deletar o valor que estiver na célula da coluna "Mês", pois é lá que está a equação que escolhe, sempre, o valor do último mês digitado, como já explicado. As células da coluna "Mês", na verdade, estão protegidas, mas a proteção só funciona se a planilha estiver protegida – são normas do Excel –, uma regra que deveria ser sempre adotada. Os outros valores relativos ao insumo que se deseja eliminar devem ser deletados, o que fará com que a linha do insumo eliminado fique toda em branco. Quando a macro for acionada, essa linha em branco vai para o final da tabela, e a ordem alfabética é executada.

Tabela 19 Acompanhamento do custo de aquisição dos insumos

Ano:

Insumo	Un.	Mês	Janeiro		Fevereiro		Março		Abril		...		Novembro		Dezembro	
			Preço	Custo	Preço	Custo	Preço	Custo	Preço	Custo	Preço	Custo	Preço	Custo	Preço	Custo
	kg	–														
	kg	–														
	kg	–														
	kg	–														
	kg	–														
	kg	–														
	kg	–														
	kg	–														
	kg	–														
	kg	–														
	kg	–														
	kg	–														
	kg	–														
	kg	–														
	kg	–														
	kg	–														
	kg	–														
	kg	–														
	kg	–														
	kg	–														
	kg	–														

TRIBUTAÇÃO EM RESTAURANTES

Este tópico é dedicado ao regime simplificado de apuração de impostos, o Simples Nacional, porque a grande maioria dos bares e restaurantes está enquadrada nesse sistema. Independentemente disso, o apoio de um contador experiente é importante para escolher o melhor regime tributário para o negócio.

Todas as empresas que optam pelo Simples Nacional pagam impostos proporcionais ao seu faturamento. Na última reforma por que passou esse regime, em 2018, o número de faixas de faturamento foi reduzido de vinte para seis, e cada faixa, com exceção da primeira, dispõe de uma parcela a ser deduzida após cálculo do imposto. Os bares e restaurantes estão enquadrados no Anexo 1 da lei que dispõe sobre o Simples Nacional, a Lei Complementar n.º 123, de 14 de dezembro de 2006. A Tabela 20, a seguir, reproduz o Anexo I dessa legislação, exibindo as alíquotas das seis faixas e sua repartição pelos tributos considerados.

Uma atenção especial deve ser dada ao ICMS, que é um dos seis tributos cobrados pelo Simples, caso o insumo esteja enquadrado na substituição tributária. A substituição tributária (ST) transfere a responsabilidade pelo pagamento do ICMS sobre as operações de vendas de algumas mercadorias e serviços para outro contribuinte, que no caso é o fabricante. Ou seja, nos casos em que a ST se aplica, o ICMS já está incluído no preço de compra, portanto já está pago pelo restaurante; é da responsabilidade do fabricante recolhê-lo junto ao Governo Federal. Assim, os bares e restaurantes precisam identificar que produtos estão enquadrados na ST, pois, quando do recolhimento do DAS (Documento de Arrecadação do Simples), o ICMS desses produtos precisa ser excluído para evitar a dupla tributação. Entre os principais produtos comercializados por

Tabela 20 Lei Complementar nº 123, de 14 de dezembro de 2006

Simples para o comércio					Percentual de repartição dos tributos				
Faixas	Receita bruta em 12 meses (em R$)	Alíquota	Valor a deduzir (R$)	CPP	CSLL	ICMS	IRPJ	Cofins	PIS
1ª Faixa	Até 180.000,00	4,00%	–	41,50%	3,50%	34,00%	5,50%	12,74%	2,76%
2ª Faixa	De 180.000,01 a 360.000,00	7,30%	5.940,00	41,50%	3,50%	34,00%	5,50%	12,74%	2,76%
3ª Faixa	De 360.000,01 a 720.000,00	9,50%	13.860,00	42,00%	3,50%	33,50%	5,50%	12,74%	2,76%
4ª Faixa	De 720.000,01 a 1.800.000,00	10,70%	22.500,00	42,00%	3,50%	33,50%	5,50%	12,74%	2,76%
5ª Faixa	De 1.800.000,01 a 3.600.000,00	14,30%	87.300,00	42,00%	3,50%	33,50%	5,50%	12,74%	2,76%
6ª Faixa	De 3.600.000,01 a 4.800.000,00	19,00%	378.000,00	42,10%	10,00%	–	13,50%	28,27%	6,13%

bares e restaurantes que estão submetidos à ST, citam-se as bebidas alcoólicas, água, sorvetes etc. Como as mudanças na tributação fiscal no Brasil são frequentes, é necessário que os gestores procurem aconselhamento permanente com seus contadores para tratar desse assunto.

GASTOS COM PESSOAL

Os gastos com pessoal ocorrem com a mão de obra direta e com a mão de obra indireta.

A mão de obra direta é aquela que transforma matéria-prima em produto acabado. O custo da mão de obra direta é composto de:

- Salário
- 13º salário
- Férias
- Descanso remunerado
- INSS
- FGTS
- Feriados

Os encargos sociais que incidem sobre o salário, quando a empresa não goza de algum regime especial, estão assim compostos:

Tabela 21

Encargo	Valor do encargo
13º salário	8,33%
Férias	8,33%
1/3 férias	2,78%
Encargo	Valor do encargo
INSS	27,00%
FGTS	8,00%
INSS sobre férias e 13º	5,25%
FGTS sobre férias e 13º	1,56%
Total	61,25%

A jornada normal de trabalho no Brasil é de 220 horas por mês, incluindo o descanso remunerado de um dia por semana, normalmente o domingo. Além do descanso remunerado, há outros dias em que não se trabalha, como está demonstrado na Tabela 22.

Considerando-se o total das horas trabalhadas por ano, pode-se calcular o salário/hora efetivo, ou seja, o gasto total de salário dividido pelas horas efetivamente trabalhadas. Também, por vezes, pretende-se, para facilitar análises ou recorrer a comparações, conhecer o custo/hora efetivo do restaurante.

Tabela 22 Horas de trabalho por ano

Item	Valor
Dias por ano	365
Descanso remunerado	52
Férias	22
Faltas abonadas (por lei)	3
Feriados	13
Total de dias trabalhados por ano	275
Horas trabalho por dia	7,33
Total horas trabalhadas por ano	2.015,75

Para um salário de R$ 415,00 (salário-mínimo do Brasil em maio de 2008), por exemplo, teríamos:

Salário-hora nominal

415 / 220 = R$ 1,89 por hora

Adicionando os encargos, conforme Tabela 21, teremos:

Custo mão de obra direta = 415 × 1,6125 = R$ 669,19

Custo anual mão de obra direta = 669,19 × 12 = R$ 8.030,25

Assim, o custo/hora efetivo, considerando as horas efetivamente trabalhadas por ano, calculadas na Tabela 22, será:

8.030,25 / 2.015,75 = R$ 3,98 por hora

Comparando os valores do salário-hora nominal e efetivo, tem-se:

3,98 / 1,89 = 2,11

Ou seja, o salário-hora efetivo é 2,11 vezes o salário-hora nominal. Equivale a dizer que o salário-hora efetivo é 111% maior que o nominal, pois (2,11 – 1) × 100 = 111%.

Os gastos com treinamento, alimentação, transporte, vestuário, assistência médica e prêmios devem ser apontados como indiretos, da produção ou da administração e vendas. Na verdade eles não variam com o volume da produção. No tópico seguinte veremos como tratar os gastos indiretos.

Se os colaboradores ganham comissão, como porcentagens das vendas, essas despesas serão incluídas nas despesas variáveis da venda, já abordadas anteriormente.

Se o restaurante não dispõe de um serviço de contabilidade que forneça as informações para o custo, poderá elaborar planilhas em Excel, por área do restaurante, as quais servirão para análise do quadro de pessoal, além de fornecer as preciosas informações para o custo. É muito importante poder observar os custos de cada área isoladamente, para abalizar melhor as decisões de contratar, promover e reestruturar o quadro funcional do restaurante.

As Tabelas 23, 24 e 25 apresentam uma sugestão dessas planilhas, que podem ser adaptadas para qualquer restaurante.

Observe que, se a quantidade de colaboradores variar, as tabelas poderão ser facilmente alteradas, de forma a se manter sempre condições de analisar os custos e a estrutura de pessoal.

Há uma coluna para prêmios pagos, em que os encargos sociais podem ser diferentes das despesas com o salário; por exemplo, quando houver distribuição de lucro. Caso o prêmio se caracterize como um acréscimo no ganho mensal do funcionário, sobre ele incidirão os mesmos encargos sociais do salário. Deve-se indagar ao contador sobre a legislação em vigor e considerar os encargos sociais de cada caso apropriadamente nas tabelas.

Sempre é importante manter um mínimo de organização para que o restaurante possa, com facilidade, analisar seus custos e despesas, conhecer como está distribuído o pessoal, comparar salários e manter o negócio sob controle. Os estagiários, que são uma mão de obra barata e de qualidade, devem estar em destaque, pois sobre a remuneração deles não incidem os encargos sociais. Eles também aparecem nos quadros dos setores onde trabalham, mas sem indicação do valor do salário, somente para informar onde estão locados.

Se a empresa fez opção por algum regime especial de tributação, é preciso identificar que tributos incidirão sobre o valor dos salários. Por exemplo: se o restaurante optou pelo Simples Nacional, haverá incidência de alíquotas conforme a Tabela 20.

Essas questões de tributação sofrem alterações com frequência, e é preciso consultar um contador para considerá-las corretamente.

As Tabelas 23, 24 e 25 permitem, de maneira muito fácil, adaptar o cálculo do custo de pessoal às alterações dessas alíquotas. Nelas foi considerado que a empresa fez opção pelo Simples Nacional e, portanto, dos 61,25% de encargos da Tabela 21 foram deduzidos os valores referentes ao INSS, resultando um total de 29%. Havendo qualquer alteração, basta modificar o valor da alíquota diretamente nas tabelas.

Observe que as células em cinza-claro são as que, normalmente, sofrem alterações, especialmente as que estão em negrito.

Tabela 23 Mão de obra direta do restaurante

Valores com base em maio de 2006

Recebimento & câmara frigorífica

Função	Quant.	Salário	Tot. salário	Prêmio	Tot. prêmio	
Líder	1	**400,00**	**400,00**	**100,00**	**100,00**	
Auxiliar de produção	1	**350,00**	**350,00**		–	
Soma	2		750,00		100,00	Total
		Encargos sociais	29%		29%	1.096,50

Cozinha

Função	Quant.	Salário	Tot. salário	Prêmio	Tot. prêmio	
Chef	1	**1.000,00**	**1.000,00**	**500,00**	**500,00**	
Auxiliar de cozinha	2	**350,00**	**700,00**	**100,00**	**200,00**	
Estagiário	1		–		–	
Soma	4		1.700,00		700,00	Total
		Encargos sociais	29%		29%	3.096,00

Preparação de sucos

Função	Quant.	Salário	Tot. salário	Prêmio	Tot. prêmio	
Líder	1	**400,00**	**400,00**	**100,00**	**100,00**	
			–		–	
Soma	1		400,00		100,00	Total
		Encargos sociais	29%		29%	645,00

(cont.)

Lavagem de louças e talheres						
Função	Quant.	Salário	Tot. salário	Prêmio	Tot. prêmio	
Líder	1	**400,00**	**400,00**	**100,00**	**100,00**	
			–		–	
Estagiário	1		–		–	
Soma	2		400,00		100,00	Total
Encargos sociais			29%		29%	645,00

Serviços gerais da produção						
Função	Quant.	Salário	Tot. salário	Prêmio	Tot. prêmio	
Líder	1	**400,00**	**400,00**	**100,00**	**100,00**	
Auxiliar de produção	1	**350,00**	**350,00**		–	
			–			
Soma	2		750,00		100,00	Total
Encargos sociais			29%		29%	1.096,50

Estagiários da produção						
Função	Quant.	Salário	Tot. salário	Prêmio	Tot. prêmio	
Estagiários 1	1	**400,00**	**400,00**		–	
Estagiários 2	1	**350,00**	**350,00**		–	
			–		–	
Soma	2		750,00		–	Total
Encargos sociais			0%		0%	750,00

Resumo da mão de obra direta	
Recebimento & câmara frigorífica	1.096,50
Cozinha	3.096,00
Preparação de sucos	645,00
Lavagem louça e talheres	645,00
Serviços gerais	1.096,50
Estagiários	750,00
Total mão de obra direta restaurante	7.329,00
Total de colaboradores	13

Tabela 24 Mão de obra indireta do restaurante

Valores com base em maio de 2006

Desenvolvimento da qualidade

Função	Quant.	Salário	Tot. salário	Prêmio	Tot. prêmio	
Líder	1	**600,00**	**600,00**	**200,00**	**200,00**	
Estagiário			–		–	
			–		–	
Soma	1		600,00		200,00	Total
	Encargos sociais		29%		29%	1.032,00

Manutenção

Função	Quant.	Salário	Tot. salário	Prêmio	Tot. prêmio	
Enc. manut. geral	1	**500,00**	**500,00**	**200,00**	**200,00**	
Aux. de manutenção	1	**350,00**	**350,00**		–	
Estagiário			–		–	
Soma	2		850,00		200,00	Total
	Encargos sociais		29%		29%	1.354,50

Estagiários

Função	Quant.	Salário	Tot. salário	Prêmio	Tot. prêmio	
Estagiários	2	**400,00**	**800,00**		–	
			–		–	
Soma	2		800,00		–	Total
	Encargos sociais		0%		0%	800,00

Resumo da mão de obra indireta	
Desenvolvimento da qualidade	1.032,00
Manutenção	1.354,50
Estagiários	800,00
Total mão de obra indireta restaurante	3.186,50
Total de colaboradores	5

Tabela 25 Vendas e administração

Valores com base em maio de 2006

Salão do restaurante

Função	Quant.	Salário	Tot. salário	Prêmio	Tot. prêmio	
Maître	1	**600,00**	**600,00**	**200,00**	**200,00**	
Garçons	2	**450,00**	**900,00**		–	
Cumins	4	**350,00**	**1.400,00**		–	
Caixas	1	**500,00**	**500,00**	**200,00**	**200,00**	
Aux. limpeza	1	**350,00**	**350,00**		–	
			–		–	
Soma	9		3.750,00		400,00	Total
Encargos sociais			29%		29%	5.353,50

Administração

Função	Quant.	Salário	Tot. salário	Prêmio	Tot. prêmio	
Gerente	1	**1.000,00**	**1.000,00**	**500,00**	**500,00**	
Aux. administrativo	1	**400,00**	**400,00**		–	
			–		–	
Soma	2		1.400,00		500,00	Total
Encargos sociais			29%		29%	2.451,00

Estagiários

Função	Quant.	Salário	Tot. salário	Prêmio	Tot. prêmio	
Estagiários	1	**350,00**	**350,00**	**100,00**	**100,00**	
			–		–	
Soma	1		350,00		100,00	Total
Encargos sociais			29%		29%	580,50

Resumo vendas e administração	
Salão do restaurante	5.353,50
Administração	2.451,00
Estagiários	580,50
Total mão de obra indireta restaurante	8.385,00
Total de colaboradores	12

DEPRECIAÇÃO

As instalações do restaurante, representadas pelas máquinas, equipamentos e processos, têm uma vida útil, pois há deteriorização pelo desgaste físico, ou perda de utilidade pelo aparecimento de processos ou equipamentos mais modernos. O custo desses bens é considerado como o custo dos serviços que eles prestam durante sua vida útil e, por ser assim, deve ser distribuído ao longo dessa vida economicamente ativa. O processo de converter o valor do bem em custo ou despesa é chamado de depreciação. É um custo que não implica desembolso e não transita pelo caixa da empresa. Se o custo dos produtos não levar em conta a depreciação das instalações que o fabricaram, deixou-se de considerar uma parcela importante que, efetivamente, foi gasta na fabricação dos produtos. A forma de calcular a depreciação é considerar que o bem, tem uma capacidade de serviço igual a cada ano de sua vida útil. Sendo assim, uma vez estimada a vida útil do bem, é só dividir o seu custo original pela vida útil. Em geral, as máquinas e equipamentos de um restaurante têm vida útil estimada em dez anos, o que quer dizer que 10% de seu valor original será, anualmente, considerado como custo de depreciação, e 1/12 desse valor anual corresponderá à parcela mensal (Tabela 26). Se o bem apresentar algum valor no final de sua vida útil, que é chamado de valor residual, este deve ser descontado do valor original do bem. Deve-se pedir orientação ao contador a respeito da vida útil de máquinas e equipamentos, os quais são definidos por lei. O importante é avaliar a vida útil e adotar a melhor estimativa. Vamos ver alguns exemplos.

Um forno custou R$ 12.000,00 e teve vida útil estimada em dez anos.

Valor de depreciação anual: 12.000,00 / 10 = 1.200,00

Valor de depreciação mensal: 1.200,00 / 12 = 100,00

Se o dono do restaurante estimar que ao fim dos dez anos poderá vender o forno por R$ 2.000,00, então o cálculo será:

Depreciação = (12.000,00 - 2.000,00) / (10 x 12) = 83,33

Esse é o valor que constará na tabela de custos e despesas fixos do restaurante.

Todos os equipamentos de um bar somam R$ 7.500,00, e a vida útil desses equipamentos foi estimada em cinco anos. Qual o valor de depreciação que deverá constar na tabela de custos e despesas fixos?

Valor de depreciação anual: 7.500 / 5 = 1.500

Valor de depreciação mensal: 1.500 / 12 = 125,00

Durante cinco anos, os R$ 7.500,00 prestaram um serviço ao bar equivalente a R$ 125,00 por mês. Esse custo, portanto, vai compor a soma dos custos e despesas fixos do bar.

A Tabela 26 – Controle da depreciação mensal apresenta uma sugestão para o registro do imobilizado com o cálculo do valor mensal da depreciação de cada ativo do restaurante. Para identificar a que departamento se refere o custo da depreciação, a coluna D dessa tabela permite escolher entre as letras P, V e A, referentes a produção, vendas e administração. Dessa forma, as somas no topo da tabela são apresentadas, separadamente, para cada um desses departamentos (células E3, E4 e E5), utilizando a função SOMASE do Excel, cuja finalidade é permitir que o gestor tenha noção de quanto investimento está sendo aplicado nesses departamentos, bem como avalie sua estratégia, sem perder a noção de que é na cozinha que se garante a qualidade dos produtos, e no salão ou no delivery que se mede a fidelidade dos clientes. A depreciação total (célula K4) é a soma da depreciação dos três departamentos, e é o valor que deverá constar no item "Depreciação" da Tabela 27 – Custos e despesas fixos, apurados no último dia de cada mês. Para identificar as células citadas com mais facilidade, baixe as tabelas no site do livro: www.gestaodagastronomia.com.br. Ao definir a vida útil e a data de início em que a depreciação passará a ser contabilizada, o último mês de contabilização é calculado automaticamente. Essa data é comparada com a data da tabela, que é atualizada, diária e automaticamente, pela equação do Excel " = HOJE()" na célula K6 da data da tabela.

Tabela 26 Controle da depreciação mensal

Depreciação – produção	75,00
Depreciação – vendas	225,00
Depreciação – administração	–

Depreciação total	300,00

								Data	30/09/21
Nº	Especificação do bem	P V A	Valor a depreciar	Vida útil (mês)	Valor residual	Mês início da depreciação	Último mês	Depreciação mensal	Depreciação do mês
1	Ativo 1	P	10.000,00	120,00	1.000,00	jan-15	nov-24	75,00	75,00
2	Ativo 2	A	5.000,00	60,00	–	jan-16	dez-20	83,33	–
3	Ativo 3	V	15.000,00	60,00	1.500,00	jan-20	dez-24	225,00	225,00
4							-	-	-
5							-	-	-
6							-	-	-
7							-	-	-
8							-	-	-
9							-	-	-

(cont.)

Nº	Especificação do bem	P V A	Valor a depreciar	Vida útil (mês)	Valor residual	Mês início da depreciação	Último mês	Depreciação mensal	Depreciação do mês
10							-	-	-
11							-	-	-
12							-	-	-
13							-	-	-
14							-	-	-
15							-	-	-
16									
17									
18									
19							-	-	-
20							-	-	-
21							-	-	-
22							-	-	-
23							-	-	-
24							-	-	-
25							-	-	-
26							-	-	-
27							-	-	-
28							-	-	-
29							-	-	-
30							-	-	-
31							-	-	-
32							-	-	-
33							-	-	-
34							-	-	-
35							-	-	-
36							-	-	-
37							-	-	-
38									
39							-	-	-
40							-	-	-

Observe que, para cada ativo, a fórmula da coluna K checa a data do dia K6 com a data da coluna "Último mês", e define se a depreciação já foi encerrada, como é o caso do Ativo 2. Se a data da tabela for anterior à do último mês de depreciação, o valor da depreciação mensal será computado. Caso contrário, a depreciação daquele bem já terá sido encerrada, portanto, daí em diante, a depreciação mensal relativa a ele não será mais considerada. Veja o exemplo na tabela.

CUSTOS E DESPESAS INDIRETOS E FIXOS

Em qualquer empresa há uma série de gastos que não variam com o volume da produção ou das vendas. Muitos desses gastos aparecem tanto na produção quanto na administração e nas vendas. Outros podem ser exclusivos de alguma dessas áreas. A Tabela 27 apresenta uma relação de contas em nome das quais esses custos ou despesas ocorrem, o que dá uma ideia de como um restaurante gasta os seus recursos. Esses gastos, comumente conhecidos como custos fixos, devem constar de relatórios mensais e devem ser apresentados separadamente, ou seja, deve haver uma tabela para os custos e outra para as despesas, de forma que o administrador possa facilmente analisá-los e tomar decisões pertinentes quanto à eliminação ou redução desses gastos. E atenção: nos relatórios de gastos fixos deverão constar todos os gastos que não forem incluídos no cálculo do custo variável de produção (CMV) e na despesa variável de venda (DVV). Isso garante que todos os gastos do restaurante estejam apropriados, assegurando a participação de todos na apuração do resultado mensal, que deve ser expresso num relatório específico do resultado operacional, assunto que veremos mais adiante.

Tabela 27 Custos e despesas fixos

Nº	Itens	Janeiro				Fevereiro				%
		Produção	Vendas	Adm.	Total	Produção	Vendas	Adm.	Total	Fev./Jan.
1	Honorários da diretoria				-				-	
2	Mão de obra e encargos				-				-	
3	Assistência médica				-				-	
4	Vale-transporte				-				-	
5	Programa de alimentação				-				-	
6	Cursos e treinamentos				-				-	
7	Uniformes e mat. segurança				-				-	
8	Copa e cozinha				-				-	
9	Depreciação				-				-	
10	Energia elétrica				-				-	
11	Água				-				-	
12	Gás									
13	Comunicações				-				-	
14	Cópias e reproduções				-				-	
15	Seguros				-				-	
16	Brindes				-				-	
17	Anúncios e publicações				-				-	
18	Produtos para promoção				-				-	
19	Donativos e contribuições				-				-	
20	Condução				-				-	
21	Fretes e carretos				-				-	
22	Serviços de terceiros - PF				-				-	
23	Serviços de terceiros - PJ				-				-	

(cont.)

Nº	Itens	Janeiro				Fevereiro				%
		Produção	Vendas	Adm.	Total	Produção	Vendas	Adm.	Total	Fev./Jan.
24	Livros, jornais e revistas				-				-	
25	Viagens e representações				-				-	
26	Lanches e refeições				-				-	
27	Aluguéis e arrendamentos				-				-	
28	Impostos e taxas				-				-	
29	Emplacamento de veículos				-				-	
30	Multas				-				-	
31	Combustíveis e lubrificantes				-				-	
32	Materiais de expediente				-				-	
33	Materiais de cons. e limpeza				-				-	
34	Materiais de manutenção				-				-	
35	Diversos				-				-	
	Totais									

Pode-se observar que há um grande número de contas que são pequenas torneiras por onde se vão os lucros do restaurante. É preciso administrar esses gastos muito bem, na tentativa de diminuí-los ou eliminá-los. A conta *Diversos*, da Tabela 27, existe para contabilizar todo gasto para o qual não se encontre uma conta com nome apropriado. Se essa conta crescer muito, o poder de análise diminuirá, porque muitos gastos estarão deixando de ser identificados, o que impossibilita uma investigação adequada.

Sendo assim, sempre é assertivo tentar criar novas contas que possam abrigar os diferentes gastos. Podemos observar que a mão de obra e os encargos, como também todos os gastos com pessoal, estão nessa tabela. Na verdade, estão sendo considerados como gastos fixos, na suposição de que serão pagos pela empresa quer ela fature ou não. No caso de a empresa pagar o salário em uma parte fixa e outra variável, somente a parte fixa deve ser aí computada. Observa-se que as comissões pagas pelas vendas não se encontram aí, pois são despesas variáveis e estarão contempladas nas despesas variáveis da venda (DVV) com a venda. As contas dos serviços de água, energia e comunicações fazem parte dessa tabela, considerando que, na maioria das vezes, são pequenas para serem rateadas ou apropriadas entre os produtos. Caso isso não ocorra, deverá ser realizada a correta apropriação desses custos. As demais contas são por si só explicativas. A Tabela 27 permite calcular a relação entre o mês findo e o mês anterior, uma informação relevante que poderá detectar algum problema localizado ou incorreções na apuração das informações.

INFORMAÇÕES COMPLEMENTARES

Outras informações necessárias ao cálculo dos custos estão na Tabela 28 – Informações complementares. São informações relativas à estrutura do restaurante, como o valor do investimento feito, os dias de operação no mês, o número de turnos, o número de assentos e a rotatividade típica, que classifica o restaurante em função do público que o frequenta e que guarda correlação com o valor do CMV% e com o tíquete médio, classificação expressa na Tabela 48 – Parâmetros de classificação dos restaurantes.

No caso do investimento, além do valor total investido (ver tópico "Valor do investimento"), foi estimado um horizonte de planejamento de cinco anos, dividido em períodos de 24, 36, 48 e 60 meses. Para cada um desses períodos, há a necessidade de estimar o valor residual do investimento, ou seja, o quanto o investimento valeria ao final de cada período, na hipótese de o negócio não continuar. Um horizonte de planejamento como esse é importante para evitar que o dono do restaurante desista de seu investimento a curto prazo, já que o negócio pode apresentar um bom retorno num prazo mais longo. Muitas vezes, o restaurante precisa de mais tempo para acertar a gestão e adaptar-se ao mercado, ainda que alguns investidores esperem um bom retorno a curto prazo. Quando se calcula o retorno num horizonte maior, a tendência, normalmente, é de melhorar o ganho, o que vai deixar o investidor satisfeito.

Na Tabela 28, ainda, estão os itens que compõem a despesa variável da venda (DVV%), como os impostos. Se o restaurante goza de regime especial, como o Simples

Nacional, não é necessário especificar os impostos englobados, apenas digitar a alíquota a que o estabelecimento tem direito. Estão, também, os meios de pagamento, que englobam: as despesas relativas aos cartões de crédito e débito, os tíquetes de alimentação de várias modalidades e os aplicativos. O valor desse item é uma média ponderada que leva em conta a participação de cada uma dessas despesas no faturamento total, inclusive o que foi pago em dinheiro, que participa do *mix* com custo igual a zero. Essa média é uma previsão. Ver exemplo no Anexo 1. Outra forma de determinar o valor dessa despesa é somar todas os gastos com esses meios de pagamento no período e dividi-los pelo faturamento total do período, incluindo o que foi pago em dinheiro. Nesse caso, obtém-se o valor real do período.

Ainda na Tabela 28 estão as comissões pagas aos colaboradores e quaisquer outras despesas que possam ser identificadas como percentagem do faturamento, como as perdas com o enxoval do restaurante (pratos, copos, taças, talheres etc.), as quais o gestor deve registrar mensalmente, para orientar a criação de metas de redução, se for o caso.

Por último, algumas taxas do mercado financeiro são introduzidas na tabela, como a Selic, a inflação, o risco-país e a taxa mínima aceitável (TMA) de retorno do investidor. Essas taxas estão comentadas no tópico "Retorno do negócio". O uso dessas taxas é feito pela Tabela 42, de simulação, que está interligada à Tabela 28. Esta tabela ainda está interligada com outras tabelas que necessitam de suas informações.

Tabela 28 Informações complementares

Item	Valor (R$)	Valor residual do investimento em %			
		24 meses	**36 meses**	**48 meses**	**60 meses**
Investimento					
Dias/mês operação					
Nº turnos					
Nº assentos					
Rotatividade típica					

Índices do mercado	
Taxa Selic (sem risco) (a/a)	
Inflação anual	
Risco-país em pontos	
TMA (a/a)	

Despesas variáveis da venda (DVV)	
ICMS	
PIS	
Cofins	
IR	
CSSL	
Outros	
Simples Nacional	
Marketing	
Meios de pagamento	
Comissão	
Perdas	
Total DVV	-

Aspectos que influenciam critérios

Antes de determinar o custo unitário de um produto qualquer, é importante observar certos detalhes do funcionamento de um restaurante que influenciam a classificação dos custos e podem facilitar o seu cálculo.

Em geral, o trabalho de preparação de um prato solicitado por um cliente não começa com a ordem trazida pelo maître. Logo cedo, sob orientação do chef, a brigada do restaurante inicia os trabalhos de seu turno, preparando o mise-en-place, que se constitui da grande maioria das guarnições, excetuando-se alguns enfeites que só podem ser preparados na hora da montagem do prato, como por exemplo, um galhinho de salsa. O mise-en-place também inclui os fundos e molhos, que estão à disposição de qualquer prato, dependendo da escolha do cliente, de forma que, quando um prato é pedido, praticamente só é preciso preparar o ingrediente principal, que pode ser carne, peixe, frango, etc. Enquanto o cozinheiro da chapa prepara o ingrediente principal, os auxiliares iniciam a montagem do prato. O tempo de preparo de um assado não varia muito; carne, frango, peixe e vários assados são preparados na chapa ao mesmo tempo. Observe que fica difícil apropriar a mão de obra pelos pratos preparados, pois seria necessário um rígido e complicado apontamento para essa finalidade. Se um restaurante tem essas características, pode-se considerar que toda a mão de obra da cozinha é indireta e da mesma forma o são a energia, o gás e a água, que vão todos se somar aos chamados custos indiretos de fabricação. Com essa classificação, de indiretos da fabricação, esses custos deveriam ser rateados pelos pratos produzidos, o que vai dificultar escolher uma ou várias bases de rateio para uma apropriação justa desses custos. Portanto, deve-se enviar esses gastos para a Tabela 27.

Comportamento idêntico pode ser visto em um restaurante self-service. A diferença do trabalho de cozinha entre um restaurante à la carte e um restaurante self-service está no tamanho das porções de cada receita. Enquanto no restaurante à la carte uma porção servirá, normalmente, uma ou duas pessoas, uma porção do self-service poderá servir a dezenas de clientes, pois eles se servem à vontade. Mais detalhes sobre isso serão apresentados no tópico "Custo e resultado do self-service".

CÁLCULO DO CUSTO TOTAL

CUSTOS FIXOS NO CUSTO TOTAL

Para determinar o custo total de um produto, é necessário somar ao seu custo dos materiais vendidos (CMV) a parcela de rateio referente aos custos e despesas indiretos, comumente chamados pelo restaurante de custos fixos (CF), os quais estão acumulados na Tabela 27. Como já foi visto no tópico "Custeio por absorção", para efetuar um rateio, precisa-se de uma base de rateio e de uma taxa de rateio. No caso dos bares e restaurantes, a base mais utilizada é o faturamento. Como a grandeza que se precisa ratear são os custos fixos (CF), a taxa de rateio é a divisão do CF do período pelo faturamento desse período. Essa taxa, em percentagem, será aplicada ao faturamento de cada produto, no período, encontrando-se o montante de custos fixos absorvido por esse faturamento. Dividindo-se esse rateio pela quantidade de produtos correspondente, obtém-se o valor unitário de custos fixos por produto. Por fim, esse valor será somado ao CMV para encontrar o custo total do produto. O exemplo a seguir ilustra a sequência explicada, apresentando dados da produção de um período para demonstrar o cálculo do custo fixo por unidade dos produtos e, em seguida, o cálculo do custo total.

Dados da produção de um período

Item	Unidade	Produto A	Produto B	Produto C
Produção	Unidades	2.000	1.000	750
Custo dos materiais vendidos	R$	7,00	6,00	5,00
Custos fixos do período	R$		10.000,00	

Com os dados de produção apresentados, foi feito o cálculo do rateio dos custos fixos por unidade dos produtos produzidos:

Cálculo do custo fixo por unidade

Item	Unidade	Produto A	Produto B	Produto C	Total
Produção	Unidades	2.000	1.000	750	3.750
Preço médio de venda no período	R$	17,00	20,00	25,00	–
Faturamento no período	R$	34.000,00	20.000,00	18.750,00	72.750,00
CF do período	R$		10.000,00		–
Taxa de rateio dos CF	13,75%	10.000,00 / 72.750 = 0,1375 ou 13,75%			
Rateio dos CF	R$	4.673,54	2.749,14	2.577,32	10.000,00
CF por unidade	R$	2,34	2,75	3,44	–

Como o faturamento total é a base de rateio escolhida, precisa-se calcular esse faturamento, que equivale à soma do faturamento total dos três produtos, que é igual a R$ 72.750,00.

Os custos fixos no valor total de R$ 10.000,00, quando divididos pela base de rateio igual a R$ 72.750,00, exibem a taxa de rateio igual a 0,1375, ou 13,75%. Essa taxa, quando aplicada ao faturamento de cada produto, gera a parcela de custos fixos que cada um deles absorve. Para o Produto A, por exemplo, essa parcela é de R$ 4.673,54 (13,75% × 34.000,00), e assim por diante. Portanto, o custo fixo por unidade para o Produto A é a divisão dessa parcela absorvida pela sua produção de 2.000 unidades, que resulta em R$ 2,34 por unidade.

Para o cálculo do custo total, basta somar ao CMV de cada produto o quanto lhe coube de custo fixo, o que está mostrado na Tabela 29.

Tabela 29 Cálculo do custo total

Item	Unidade	Produto A	Produto B	Produto C
Custo dos materiais vendidos	R$	7,00	6,00	5,00
Custos fixos por unidade	R$	2,34	2,75	3,44
Custo total	**R$**	**9,34**	**8,75**	**8,44**

Custos indiretos de fabricação (CIF) no custo total

Algumas vezes, num restaurante grande, o gestor pode identificar que a produção de alguns alimentos requer equipamentos ou processos que demandam custos altos em comparação ao preparo dos outros itens do cardápio, e decide, corretamente, segregar esses custos, e não os enviar aos custos fixos (Tabela 27), onde seriam rateados, indiscriminadamente, entre todos os produtos. Esses custos segregados são conhecidos como custos indiretos de fabricação (CIF). Os CIF, então, precisam ser rateados entre os produtos que se beneficiam daqueles equipamentos ou processos especiais; para isso, precisa-se usar outra base de rateio mais conveniente. Uma base de rateio normalmente escolhida é o CMV total dos produtos beneficiados, isto é, o custo de todos os insumos que participaram da preparação daqueles produtos vendidos no período. Como o CMV de cada produto e sua quantidade vendida são conhecidos, não há dificuldades em determinar o valor dessa base, a fim de permitir o cálculo da taxa de rateio para a absorção da grandeza que se quer ratear entre os produtos em questão.

Consideremos o exemplo de uma casa de massas que também vende pizzas. O gerente acredita que o forno utilizado para assar as pizzas tem uma despesa grande de energia, pois seu aquecimento é feito por resistência elétrica, e acha que uma boa parte dessa energia deveria ir somente para as pizzas. Com a ajuda de um engenheiro, ele estima que o forno responde, em média, por 40% da despesa total de energia, que no período de estudo somou R$ 7.000,00. A Tabela 30 expõe os dados de produção e rateio do CIF nesse contexto.

Essa tabela, de fácil entendimento, mostra que a base escolhida tem um valor de 6.050,00 (soma dos CMVs de todas as pizzas). A grandeza a ratear somente pelas pizzas é o gasto com energia, calculado em 2.800,00 (40% da energia do restaurante), que, ao ser dividido pela base, fornece uma taxa de rateio de 46,28%. Isso significa que a percentagem sobre o CMV deve ser adicionada às pizzas antes do rateio dos custos fixos. O custo de energia que vai para a Tabela 27 (dos custos fixos), será, portanto, diminuído do valor absorvido pelas pizzas: 7.000,00 - 2.800,00 = 4.200,00.

Tabela 30 Cálculo do rateio do CIF e do custo primário das pizzas

Item	Un.	Pizza 1	Pizza 2	Pizza 3	Pizza 4	Pizza 5	Total
Custo dos materiais vendidos (CMV)	R$	6,00	7,00	8,00	6,00	5,00	
Qt. de pizzas vendidas no período	Un.	200	150	100	250	300	1.000
CMV no período	R$	1.200,00	1.050,00	800,00	1.500,00	1.500,00	6.050,00
Gasto de energia no período	R$	7.000,00					
Gasto de energia com pizzas (CIF)	40,00%	2.800,00					
Taxa de rateio da energia	46,28%	2.800,00 / 6.050,00 = 0.4628 ou 46,28%					
Rateio de energia por grupo de pizza	R$	555,36	485,94	370,24	694,20	694,20	2.800,00
Custo de energia por pizza	R$	2,78	3,24	3,70	2,78	2,31	
Custo primário por pizza (CMV + CIF)	R$	8,78	10,24	11,70	8,78	7,31	

Qualquer custo que seja específico da área de produção e que tenha valor relevante poderá ser tratado como um CIF, de forma semelhante ao que foi demonstrado com o exemplo, em que o gerente decidiu ratear o custo da energia pelas pizzas. Por outro lado, esses custos indiretos de produção podem ser considerados como custos fixos e enviados para a Tabela 27, que reúne todos os custos do restaurante que não sejam insumos.

Quando se adiciona um rateio de CIF ao CMV de um produto, o resultado dessa soma costuma ser chamado de custo primário, o que significa que ainda falta receber a parcela dos custos fixos, rateados com base no faturamento, em geral, para se chegar ao custo total. A Tabela 31 - Cálculo do custo total, apresentada a seguir, efetua esses cálculos com muita simplicidade.

CÁLCULO DO CUSTO TOTAL

A Tabela 31 é utilizada para o cálculo do custo total dos produtos de um cardápio, de forma muito simples. Ela pode ser utilizada tanto pelos restaurantes à la carte quanto pelos restaurantes self-service.

Como já foi explicado, para chegar ao custo total de um produto, é necessário que ele absorva os custos indiretos de fabricação (CIF) - se existirem -, assim como a parcela do custo fixo (CF) que lhe cabe.

No caso de não existirem CIF - o que acontece com a quase totalidade dos restaurantes -, o custo total já está calculado e apresentado na última coluna tabela (o que e extraordinário), com os CF absorvidos, com base no faturamento, automaticamente, sem qualquer digitação na tabela.

Se há custos indiretos da produção com valores relevantes, eles devem ser rateados entre todos os produtos ou parte deles; dessa forma, não serão enviados para serem somados aos custos fixos. Nesse caso, o gestor precisa digitar o valor total desses CIF na célula G4 da Tabela 31, e, na sequência, identificar com um "S" na coluna J os produtos que vão receber esse rateio. Para facilitar a compreensão da tabela, faça o download no site do livro: www.gestaodagastronomia.com.br.

Mesmo que os CIF sejam rateados entre todos os produtos, não se obteria o mesmo resultado no custo total se eles fossem incluídos na Tabela 27 dos custos fixos, pois, como as bases de rateio dos CIF (CMV) e dos CF (faturamento) são diferentes, os produtos receberiam valores diferentes de rateio e, por conseguinte, também apresentariam valores diferentes para o custo total. Como já foi visto, a divisão das grandezas a ratear entre as bases de rateio correspondentes fornece as taxas de rateio, que estão expressas nas células H4 e H5 da Tabela 31, que incluirão as cotas dos CIF e os CF no custo total dos produtos.

Perceba que a Tabela 31 dispõe de quatorze colunas, que são mais facilmente identificadas a partir da linha 8. As sete primeiras colunas estão interligadas a outras duas tabelas: a Tabela 35 – Preços e margem de contribuição (colunas B, C, D e H) e a Tabela 14 – Controle de vendas e *mix* de vendas (E, F e G). Com exceção da coluna J, onde se digita o "S", as outras colunas (I, K, L, M, N e O) correspondem a cálculos efetuados automaticamente, sendo que na coluna M o cálculo exige uma interligação com a Tabela 14.

Observando a Tabela 31, todas essas informações são facilmente compreendidas. Ainda assim, para evitar dúvidas, seguem algumas orientações sobre as informações que estão no topo da tabela. Os valores das bases para o rateio dos CIF e do CF estão nas células C4 e C5, no topo da tabela. C4 é a soma seletiva dos CMV que estiverem identificados com um "S" na coluna J. Para isso, usa-se a função SOMASE do Excel, que faz essa adição seletiva. Por sua vez, C5 traz o faturamento do restaurante (da interligação com a Tabela 14, célula Q7). Os valores das duas grandezas a serem rateadas estão nas células G4 e G5: na G4, tem-se o valor dos CIF, que será digitado pelo gestor, e na G5, o valor dos CF, que vem automaticamente da interligação com a Tabela 27 (célula G4).

Ainda no topo da tabela, há totais de CMV da operação, os quais não são utilizados para o cálculo do custo total - que é o objetivo principal dessa tabela. Ainda assim, esses dados são exibidos porque as informações constantes na tabela permitem calculá-los; além disso, o total do CMV geral (o de bebidas alcoólicas e o de alimentos) poderá auxiliar o gestor na comparação com o valor desses CMV, quando calculados via almoxarifado, o que é de extrema importância para verificar desvios excessivos e inaceitáveis. O assunto dos estoques não está contemplado neste livro; no entanto, os indicadores da movimentação do estoque são de extraordinária relevância para a gestão do restaurante.

Por fim, a última coluna da Tabela 31 apresenta o custo total de todos os produtos, pelo sistema de absorção. Esses valores poderão ser utilizados para a precificação dos produtos pelo *mark-up*.

Tabela 31 Cálculo do custo total

Base rateio	Vl. da base	Grandezas p/ rateio	Vl. CIF e CF	Tx. rateio
CMV (segregados)	-	CIF S (Segregados)	-	-
Faturamento	-	CF (Tab. 27)	300,00	-

Tot. CMV	-
Tot CMV BA	-
Tot. CMV A&BÑA	-
Tot. CMV SELF	-

A&B = Alimentos e bebidas BA = Bebida alcoólica S = Segregado A&BÑA = A&B não alcoólicas

Produto	Nº FT	Modal.	Álcool (B)	Ordens acum. mês	Peso pós-cocção (Kg/FT)	CMV (R$)		Rateio do CIF S			Rateio do CF		Custo unitário total
						Unit.	Total	S	Total/ FT	Unit.	Total/ FT	Unit.	
-	FT1	-	-	-	-	-	-	-	-	-	-	-	-
-	FT2	-	-	-	-	-	-	-	-	-	-	-	-
-	FT3	-	-	-	-	-	-	-	-	-	-	-	-
-	FT4	-	-	-	-	-	-	-	-	-	-	-	-
-	FT5	-	-	-	-	-	-	-	-	-	-	-	-
-	FT6	-	-	-	-	-	-	-	-	-	-	-	-
-	FT7	-	-	-	-	-	-	-	-	-	-	-	-
-	FT8	-	-	-	-	-	-	-	-	-	-	-	-
-	FT9	-	-	-	-	-	-	-	-	-	-	-	-
-	FT10	-	-	-	-	-	-	-	-	-	-	-	-
-	FT11	-	-	-	-	-	-	-	-	-	-	-	-
-	FT12	-	-	-	-	-	-	-	-	-	-	-	-
-	FT13	-	-	-	-	-	-	-	-	-	-	-	-
-	FT14	-	-	-	-	-	-	-	-	-	-	-	-
-	FT15	-	-	-	-	-	-	-	-	-	-	-	-
-	FT16	-	-	-	-	-	-	-	-	-	-	-	-
-	FT17	-	-	-	-	-	-	-	-	-	-	-	-
-	FT18	-	-	-	-	-	-	-	-	-	-	-	-
-	FT19	-	-	-	-	-	-	-	-	-	-	-	-
-	FT20	-	-	-	-	-	-	-	-	-	-	-	-
-	FT21	-	-	-	-	-	-	-	-	-	-	-	-
-	...	-	-	-	-	-	-	-	-	-	-	-	-
-	FT155	-	-	-	-	-	-	-	-	-	-	-	-
-	FT156	-	-	-	-	-	-	-	-	-	-	-	-
-	FT157	-	-	-	-	-	-	-	-	-	-	-	-
-	FT158	-	-	-	-	-	-	-	-	-	-	-	-
-	FT159	-	-	-	-	-	-	-	-	-	-	-	-
-	FT160	-	-	-	-	-	-	-	-	-	-	-	-

CUSTO E RESULTADO DO SELF-SERVICE

Tudo o que se estudou até agora é plenamente aplicável a qualquer tipo de restaurante. É preciso, no entanto, prestar atenção a uma diferença sutil que envolve os dois tipos de restaurante, à la carte e self-service. No primeiro, o cliente ordena à cozinha produzir o prato que escolheu; no segundo, o gerente ou o encarregado do salão é quem autoriza a cozinha a repor os alimentos, pois o cliente vai se servir do que está oferecido no buffet. Logo, o cliente da cozinha do self-service é o salão, e não o cliente do restaurante como no à la carte. Essa diferença exige um cuidado na elaboração das fichas técnicas para facilitar o trabalho do chef ou do cozinheiro.

Um restaurante self-service depende bastante da comunicação entre o salão de vendas e a cozinha. Diferentemente do restaurante à la carte, onde o cliente determina o que se produz na cozinha, o self-service depende da capacidade de percepção do gerente do salão para identificar a necessidade de a cozinha produzir determinado tipo de prato e em qual quantidade. Assim, o self-service precisa de uma política de reposição dos pratos no balcão do salão, cuja finalidade é evitar a sobra do alimento no final do turno, chamada de sobra limpa. Por exemplo, a FT de um arroz especifica 1 kg desse insumo entre os ingredientes da receita culinária. Com um fator de cocção alto, o arroz pode aumentar de peso em mais de duas vezes e meia, dependendo do processo de cozimento. Portanto, se o atendimento do restaurante está perto de encerrar e o arroz já foi todo consumido, mas ainda há clientes chegando ao restaurante, seria pouco inteligente ordenar a mesma FT do arroz e preparar 2,5 kg. Assim, o restaurante precisa elaborar mais uma ou duas FT para o arroz, com quantidades menores, de modo que possa atender o salão, diminuindo a probabilidade de incrementar as perdas com o aumento da sobra limpa. Essa é uma questão que afeta todo o cardápio e, por isso, precisa ser estudada e definida. Algumas vezes, é mais certo deixar o produto faltar no balcão, com uma boa explicação ao cliente, e evitar um desperdício grande, já que as sobras limpas não devem ser reaproveitadas no dia seguinte.

Outra particularidade que diferencia os dois tipos de serviço é que o peso dos insumos da receita culinária do self-service ainda vai ser confrontado com o peso das balanças de venda, registrado quando o cliente passa seu prato pela balança. Eventuais erros de calibração das balanças e o fato de se pesarem vários alimentos juntos são aspectos que diferenciam o processo de cálculo da rentabilidade do serviço à la carte e do self-service. Em um restaurante à la carte, quando o cliente é servido, está valendo o peso dos ingredientes informados na receita culinária da FT. Se o cliente pediu um filé bem-passado de 300 g, a carne poderá chegar à mesa com uma perda que pode ultrapassar 50%, e o problema é do cliente. Ele vai pagar o preço que está no cardápio. Mas se isso acontece no self-service, o problema vai se refletir na lucratividade do restaurante, pois o filé bem-passado vai passar pela balança. É muito comum que as carnes, em geral, nunca estejam bem passadas no balcão do self. Do mesmo modo, observa-se um cuidado especial com a desidratação dos alimentos devido ao processo de aquecimento; este é necessário para manter a qualidade, mas não deve ser demasiado a ponto de provocar perdas desnecessárias no peso dos alimentos.

Outro ponto interessante num self-service é que, na maioria deles, há vários preços cobrados por quilo, dependendo do alimento que está no prato do cliente. Se o cliente se serve de forma variada, o alimento mais caro é o que determina o preço do quilo. Em função disso, o valor do faturamento calculado com base nas FT despachadas pela cozinha vai ser sempre inferior ao faturamento real, pois os alimentos mais baratos estão sendo vendidos mais caro. Esse fato repercute, também, nos preços médios, calculados com base nesses faturamentos. Considerando que as balanças da cozinha e das vendas estão aferidas, quanto maior for a diferença entre esses preços médios, maior é o benefício para a rentabilidade do restaurante, pois mais produtos de preços inferiores serão vendidos a preços maiores. Se essa diferença é uma tendência observada, o gestor pode pensar em usá-la para delinear promoções para enfrentamento da concorrência, mas sem perder de vista que ela é um ganho de rentabilidade.

O resultado da operação do self-service pode ser acompanhado pela Tabela 32 – Custo e resultado do self-service. Nessa tabela, são registrados os movimentos da operação por dia, quais sejam: "Peso total das balanças", "Faturamento real total", "Clientes totais" e "Sobra limpa total".

O peso total das balanças, gerado pelos clientes, vai ser confrontado com o peso total pós-cocção da Tabela 14, gerado pelos pedidos do salão para a cozinha via ficha técnica. Da mesma forma, o faturamento calculado na Tabela 14 vai ser comparado com o faturamento real, gerado pelo pagamento dos clientes. Se o restaurante só é self-service, então a quantidade de clientes da Tabela 14 será igual à da Tabela 32, não sendo necessário digitar essa informação. Se o restaurante também tem serviço à la carte, então a quantidade de clientes da Tabela 14 incluirá os dois serviços, exigindo que a quantidade de clientes do self-service seja digitada na tabela. A sobra limpa é o peso do que sobrou no salão, incluindo todos os produtos fornecidos pela cozinha, que podem ser pesados juntos. Caso se deseje um peso de sobra limpa separado por produto, essa tabela precisa ser ajustada, e isso poderá ser feito sem dificuldades.

Um quadro de "Apuração do resultado" exibe importantes informações da operação, sem que qualquer digitação seja necessária. As Tabelas 14, 27, 28 e 31 fornecem parte dessas informações para que os cálculos sejam processados e se chegue ao valor do lucro da operação. Nesse quadro, a coluna "Via FT" e "Real" permitirão comparar os valores teóricos com base nas fichas técnicas e os valores colhidos na operação real.

Já o quadro "Índices da operação" desenvolve índices relevantes para a gestão, exibindo as diferenças entre o programado e o real, que ajudam a identificar acertos e desacertos da operação no self-service.

Observe que, no quadro de apuração, o CMV total é o mesmo nas duas colunas "Via FT" e "Real", pois não faz parte deste livro o controle de estoques, que fornece uma importante informação sobre o CMV total via requisições de materiais dos almoxarifados requisitados no período. Portanto, essa informação via controle de estoques deve substituir aquela da coluna "Real". A análise dos índices da operação é um exercício indispensável na definição de metas para redução de desperdícios e incremento da rentabilidade.

Ao estudar a Tabela 32, abra todas as tabelas que estão interligadas a ela, o que facilitará muito o seu entendimento.

Tabela 32 Custo e resultado do self-service

MÊS:															
Dias do mês	1	2	3	4	5	6	7	8	9	10	11	12	13	...	21	**Total mês**
Peso total das balanças																
Faturamento real total																
Clientes totais																
Sobra limpa total																

Apuração do resultado		Via FTs	Real	Índices de rendimento		
CMV total (Tabela 31)	R$	-	-	CMV FT / CMV estoque		-
Peso total das balanças de venda	kg		-	Peso balanças de venda + peso sobra limpa	kg	
Peso total pós-cocção (Tabela 14)	kg	-		Custo total da sobra limpa	R$	-
Fat. real self-service (Tabela 14)	R$	-	-	Custo da sobra limpa sobre o faturmento real	%	
CMV médio	R$/kg	-	-	Peso sobra limpa sobre peso total pesado	%	0,0%
CMV médio em % do faturamento	%	-	-	Peso balanças de venda / Peso pós-cocção	%	
Preço médio da venda self-service	R$/kg	-	-	Preço médio real / Preço médio (FT)	-	0,0%
Tíquete médio do self-service	R$	-	-	Total de clientes no mês (Tabela 14)	Pessoas	
Desp. variáveis da venda (Tabela 28)	%	-	-			
	R$	-	-			
Margem de contribuição total	R$	-	-			
	%	-	-			
Custos fixos totais (Tabela 27)	R$	**300,00**	**300,00**			
Lucro líquido (ou operacional)	**R$**	**-300,00**	**-300,00**			
	% s/ fat.	-	-			

Formação de preços

A velha forma de determinar o preço de venda dos produtos, somando-se ao custo de produção uma determinada margem de lucro determinada pelo dono do negócio, não existe mais. A concorrência acirrada motivada pela economia livre exige que o cálculo do lucro seja feito subtraindo-se do preço de venda - que é agora o preço praticado pelo mercado e não aquele determinado pelo dono do negócio - os custos da produção. Se o saldo for positivo, haverá lucro; se não...

Às vezes, é necessário analisar toda a cadeia de produção à procura de redução de custos, a fim de manter um produto no restaurante, quando seu preço de venda está acima daquele praticado pelo mercado.

Alterar o preço significa exercitar variações na relação volume/preço; nas condições de comercialização, tanto na compra de insumos como na venda dos produtos; na logística, que compõe todas as ações que garantem o suprimento dos insumos na área da produção e inclui a cadeia de suprimento (*supply-chain*), em que estão envolvidos o fornecedor, o transporte dos insumos até o restaurante, o armazenamento, o transporte interno, os controles dessas atividades, etc. Significa também reduzir os desperdícios ao mínimo, maximizar os rendimentos, acabar com a *fábrica oculta*, etc. O conceito de fábrica oculta será abordado no próximo capítulo, que trata do gerenciamento do lucro.

A redução dos custos deve ser uma preocupação constante, mesmo que se tenha conseguido estabelecer de início um bom preço de venda. Assim, além de garantir ganhos maiores, o dono do restaurante previne-se contra a indesejável notícia de que o concorrente pode vender mais barato.

Margem e *mark-up*

Um dos métodos mais utilizados para o cálculo do preço de venda é o que tem como base o custo. Por ser prático, é o mais difundido no mundo dos negócios, pois consiste na simples aplicação de um índice sobre o custo. Esse índice é conhecido como *mark-up*, que pode ser divisor ou multiplicador, como veremos mais adiante. Uma tradução aproximada desse termo inglês seria *remarcar para cima*.

Da aplicação direta do *mark-up* sobre o custo, obtém-se o preço de venda. O *mark-up* incrementará o custo, de forma a tornar o preço de venda apto a pagar o custo do produto, todas as despesas variáveis da venda que formam o

DVV – como impostos, comissões e despesas com os meios de pagamento – e toda e qualquer despesa que, como estas, estão em percentagem do preço de venda (PV), inclusive o lucro. Calculado o preço de venda pelo *mark-up*, obtém-se uma referência de preço, que precisa ser submetida ao mercado. Estrategicamente, deve-se averiguar se há a necessidade de ajustes, tanto para cima quanto para baixo, com reflexos na rentabilidade.

A estrutura do *mark-up*

Como já foi dito, a estrutura do *mark-up* é composta por despesas atreladas ao preço de venda, em percentagem. Tem-se, a seguir, essas despesas:

- Impostos e taxas
- Comissões pagas ao pessoal do restaurante
- Despesas com meios de pagamento (cartões e aplicativos)
- Marketing (se for determinado em % do faturamento)
- Lucro
- Qualquer despesa que o PV precise pagar e que possa ser definida em % dele

Alguns gestores costumam colocar os custos fixos como percentagem do PV, incluindo-os na estrutura do *mark-up*. Isso evita o cálculo do custo total quando os custos fixos são rateados pelos produtos. É preciso ter cuidado nesse procedimento e acompanhar a variação que esses gastos gerais ou custos fixos apresentam ao longo dos meses, a fim de não os definir como um valor imutável.

A soma das percentagens dessa estrutura é chamada de margem, e essa margem não significa margem de contribuição nem margem de lucro, que são indicadores diferentes. Para precificar o produto, é preciso garantir que as despesas da estrutura do *mark-up*, representadas pela margem, estejam incluídas no preço de venda. Dessa forma, a margem do *mark-up* é um incremento ao custo, porém calculado sobre o preço de venda, do qual não se dispõe. Para resolver essa questão, usa-se a própria definição de margem:

$$CT + (M \times PV) = PV$$

Em que:
CT é o custo do produto
(M × PV) é o incremento ao custo
M é a margem
PV é o preço de venda

Da equação anterior, tem-se:

$$CT = PV - M \times PV$$
$$CT = PV\,(1 - M)$$

Assim,

$$PV = CT / (1 - M)$$
ou
$$PV = CT \times 1 / (1 - M)$$

Observe que o PV foi obtido a partir dos dados conhecidos (CT e M) e por meio de duas formas semelhantes: dividindo-se o CT por (1 – M), ou multiplicando-se o CT por 1 / (1 – M).

Portanto, (1 – M) chama-se *mark-up divisor,* porque divide o custo para obter o PV. Assim,

Mark-up divisor = (1 – M)

Já 1 / (1 – M) chama-se *mark-up multiplicador*, porque multiplica o custo para obter o PV. Assim,

Mark-up multiplicador = 1 / (1 – M)

Além disso, pode-se dizer que o *mark-up* multiplicador é o inverso do *mark-up* divisor. Então,

Mark-up multiplicador = 1 / *mark-up* divisor

O *mark-up* multiplicador é, na verdade, um fator de multiplicação, pois multiplica o custo. Em matemática, é definido assim:

Fator de multiplicação = 1 + taxa de aumento

A taxa de aumento é o incremento, que por definição é o *mark-up*. Assim,

Mark-up multiplicador = 1 + *mark-up*

Assim, um *mark-up* de 100% significa multiplicar o custo por 1 + 100%, o que resulta em 2. Já um *mark-up* de 200% significa multiplicar o custo por 1 + 200%, o que resulta em 3.

Exemplo: um produto tem um CT de R$ 50,00. Sua estrutura de *mark-up* está na tabela a seguir. Qual é o PV desse produto?

Estrutura de *mark-up*

	% do PV
Alíquota do Simples Nacional	10,70%
Comissão	5,00%
Marketing	3,00%
Meios de pagamento	9,33%
Lucro	20,00%
Margem do *mark-up* – M	**48,03%**

Mark-up divisor = 1 – M

Mark-up divisor = 1 – 48,03% = 1 – 0,4803 = 0,5197

Assim,

PV = custo / *mark-up* divisor → PV = 50 / 0,5197

PV = R$ 96,21

Mark-up multiplicador = 1 / *mark-up* divisor

Mark-up multiplicador = 1 / 0,5197 = 1,9242

Assim,

PV = custo × *mark-up* multiplicador → PV = 50 × 1,9242

PV = R$ 96,21

Dessa forma, o *mark-up* será:

Mark-up = 1,9242 – 1 = 0,9242 ou *Mark-up* = 92,42%

Portanto, o primeiro passo a ser dado para determinar o PV por meio do *mark-up* é definir a estrutura do *mark-up*.

É muito comum vendedores de produtos de revenda como vinhos, bebidas alcoólicas, refrigerantes, entre outros, oferecerem seus produtos exibindo o *mark-up*. Alguns deles mostram pouca intimidade com o assunto, e não é raro, por exemplo, oferecerem um *mark-up* de 100%, mostrando ao comprador (que às vezes também não conhece bem o conceito) que é só multiplicar o custo ofertado por 2 para obter um excelente preço de venda. Porém, não é verdade quando os vendedores dizem que o lucro é de 100%, justificando que, ao multiplicar o custo ofertado por 2, a metade é o custo que o restaurante paga e a outra metade é o lucro que fica na casa. Esse incremento de 100% que o *mark-up* gera precisa pagar toda a despesa variável da estrutura do *mark-up*, na qual está também o lucro que o restaurante deseja.

Para entender com mais profundidade a relação *mark-up* × lucro, analise a Tabela 34, mais adiante.

A seguir, são apresentadas algumas observações pertinentes sobre aspectos responsáveis por muitos dos erros cometidos na aplicação do *mark-up*:

- Como o lucro é uma parcela da estrutura do *mark-up*, logo, o *mark-up* não é o mesmo que lucro.
- O valor chamado margem não é a margem de lucro nem a margem de contribuição. É, simplesmente, a margem do *mark-up*. Representa o quanto, em unidades monetárias, deve ser somado ao custo total para encontrar o PV do produto.
- Quando se aplica o *mark-up*, não há nenhum custo ou despesa a ser incluída a mais no cálculo para se chegar ao PV. Por isso, o PV representa 100%. Sendo assim, se o custo fixo já não estiver rateado entre os produtos, ele precisa figurar na estrutura do *mark-up* em percentagem do PV, evidentemente.

Para melhor compreensão da aplicação do *mark-up*, pode-se decompor o valor do PV do exemplo anterior, de acordo com os itens da estrutura do *mark-up*:

Tabela 33 Decompondo o *mark-up*

Estrutura do *mark-up*	% do PV	PV = 96,21
Alíquota do Simples Nacional	10,70%	10,29
Comissão	5,00%	4,81
Marketing	3,00%	2,89
Meios de pagamento	9,33%	8,98
Lucro	20,00%	19,24
Margem do mark-up	**48,03%**	**46,21**
	Custo total do produto	**50,00**
	Preço de venda = 50,00 + 46,21	**96,21**

A decomposição exibida desnuda a maneira como a margem cumpre os seus compromissos, revelando que a soma de todos os seus itens, ao ser adicionada ao custo total do produto, revela o preço de venda, o que atesta a assertividade do método de cálculo.

Exercício 1

Um restaurante quer colocar no cardápio uma nova sobremesa, que tem um custo total de R$ 7,00. Os funcionários recebem 10% de comissão sobre as vendas. O restaurante está no Simples Nacional com uma alíquota de 14,30%, e suas despesas com meios de pagamento (cartões e aplicativos) apresentam uma média de 10,30%. O restaurante investe pesado no marketing, com 5% de suas vendas, e deseja um lucro de 25% do preço de venda. Que preço o restaurante deve colocar no cardápio para essa sobremesa?

Solução:

Estrutura do *mark-up*

Impostos	14,30%
Meios de pagamento	10,30%
Comissão	10,00%
Marketing	5,00%
Lucro	25,00%
Total	64,60%

Utilizando o *mark-up* divisor:

Mark-up divisor = 1 – 0,6460 = 0,3540

PV = custo / *mark-up* divisor → PV = 7 / 0,3540 = R$ 19,77

Utilizando o *mark-up* multiplicador:

Mark-up multiplicador = 1 – 0,3540 = 2,825 (inverso do divisor)

PV = custo × *mark-up* multiplicador → PV = 7 × 2,825 = R$ 19,77

Exercício 2

Um vinho chega ao estoque de um restaurante com um custo de R$ 30,00. Ao faturá-lo, o restaurante paga 9,50% de impostos do Simples Nacional, distribui 10% de comissão para os colaboradores, gasta 5,50% com os meios de pagamento e 3,00% com propaganda; além disso, deseja ganhar 30% sobre o preço de venda. Responda:

a) Quais são os *mark-up* divisor e multiplicador?

b) Por que preço o restaurante deve vender o vinho?

c) Como o gestor exprime o seu *mark-up* na venda do vinho?

Solução:

Estrutura do *mark-up*	
Impostos	9,50%
Meios de pagamento	5,50%
Comissão	10,00%
Marketing	3,00%
Lucro	30,00%
Total (margem)	58,00%

a) *Mark-up* divisor = 1 – margem = 1 – 0,58 = 0,42

Mark-up multiplicador = 1 / 0,42 = 2,38

b) PV = custo × *mark-up* multiplicador

PV = 30,00 × 2,381 = R$ 71,43

c) Multiplicar o custo por 2,38 equivale a incrementá-lo 1,381 vezes (2,381 – 1 = 1,381), ou 138,10%. Portanto, o gestor dirá que o *mark-up* = 138,10%.

O gestor conferiu a sua afirmação, calculando separadamente o *mark-up* e adicionando-o ao custo; dessa forma:

Margem = 30 × 138,10% = R$ 41,43

PV = 30 + 41,43 = R$ 71,43

Exercício 3

Uma pizzaria resolveu fazer uma promoção e baixar o preço de suas pizzas para R$ 17,00. O custo médio ponderado pelo *mix* de produção é de R$ 7,00 e não inclui o rateio dos custos fixos, que o gestor estima em torno de 11,0% do faturamento, neste mês da promoção. As despesas com os meios de pagamento foram estimadas em 7,5%, e os impostos, em 4,0%. A comissão dos colaboradores é 5,0%. Qual será o lucro do restaurante em relação ao faturamento?

Solução:

Estrutura do mark-up	
Impostos	4,00%
Meios de pagamento	7,50%
Comissão	10,00%
Custos fixos	11,00%
Propaganda	3,00%
Lucro	L
Total (margem)	35,50% + L

Custo = R$ 7,00 e PV = R$ 17,00

Mark-up multiplicador = 17,00 / 7,00 = 2,428

Mark-up divisor = 1 / 2,428 = 0,412

Margem = 1 – *mark-up* divisor

Margem = 1 – 0,412 = 0,588 = 58,82%

Margem = 35,50% + L = 58,82%

L = 58,82% – 35,50%

L = 23,32%

Exercício 4

Um restaurante investiu num aplicativo próprio e diminuiu para menos da metade suas despesas com meios de pagamento. O gestor faz um acompanhamento minucioso dos custos fixos e acha que pode incluí-los como uma despesa variável no *mark-up*. O restaurante conseguiu enquadrar-se no regime tributário do Simples Nacional e está lançando um petisco novo com um CMV de R$ 6,70. Os custos fixos não foram rateados pelos produtos, pois estão participando do *mark-up*.

A estrutura do *mark-up* a seguir repercute os novos tempos:

Estrutura do *mark-up*	
Impostos	9,50%
Meios de pagamento	5,10%
Comissão	10,00%
Custos fixos	12,00%
Marketing	3,00%
Lucro	30,00%
Total	69,60%

Calcule o preço de venda do novo petisco.

Solução:

Mark-up divisor = 1 – margem

Mark-up divisor = 1 – 0,6960 = 0,304

PV = 6,70 / 0,304 = R$ 22,00

Ou:

Mark-up multiplicador = 1 / 0,304 = 3,2895

PV = 6,70 × 3,2895 = R$ 22,00

Exercício 5

Um restaurante self-service fez um estudo detalhado de seus custos e observou que o custo médio de uma refeição com 450 g está em torno de R$ 13,00. Esse custo é total, pois já inclui o rateio dos custos fixos. Outras despesas sobre o faturamento são as seguintes: os impostos são estimados em 10,7%; a comissão dos colaboradores, 10,0%; as despesas com meios de pagamento, 5,7%; o marketing, 3,0%; e as perdas com pratos e talheres, 1,0%. O restaurante deseja um lucro de 20,0% sobre as vendas. Quanto deverá ser o preço por kg do self-service?

Solução:

Estrutura do *mark-up*	
Impostos	10,70%
Meios de pagamento	5,70%
Comissão	10,00%
Marketing	3,00%
Perdas de enxoval	1,00%
Lucro	20,00%
Total (margem)	50,40%

Custo = R$ 13,00 por 450 g

Mark-up divisor = 1 – margem = 1 – 0,5040 = 0,4960

PV = 13 / 0,4960 = R$ 26,21

PV por kg = 26,21 / 450 × 1000 = R$ 58,24

Exercício 6

Um restaurante decidiu fazer um programa de responsabilidade social e doar 1% de seu faturamento para uma entidade que cuida de crianças. Ainda sobre seu faturamento, estão despesas com: impostos, estimadas em 10,70%; meios de pagamento, estimadas em 5,20%; comissão aos colaboradores, em 10%; e propaganda, em 3%. O gestor quer saber que *mark-up* deverá adotar se for estimado um lucro igual para todos os produtos de 25%.

Estrutura do *mark-up*	
Impostos	10,70%
Meios de pagamento	5,20%
Comissão	10,00%
Marketing	3,00%
Programa social	1,00%
Lucro	25,00%
Total	54,90%

Solução:

Mark-up divisor = 1 – 0,5490 = 0,4510

Mark-up multiplicador = 1 / 0,4510 = 2,22

Mark-up = 2,22 – 1 = 1,22 ou 122%

O gestor precisará adotar um *mark-up* de 122% para atender ao seu intento.

Exercício 7

Um restaurante paga 7,30% de impostos pelo Simples Nacional, 10% de comissão aos funcionários, tem uma despesa com cartões de 4,7% e determina que 3% de seu faturamento devem ser gastos com propaganda. O gestor adota uma política de usar um *mark-up* igual a 70% para todos os produtos do cardápio. Que lucro está sendo gerado pelo restaurante?

Solução:

Estrutura do *mark-up*

Impostos	7,30%
Comissão	10,00%
Cartões	4,70%
Propaganda	3,00%
Perdas	1,00%
Lucro	L
Total (margem)	26% + L

Se o restaurante aplica um *mark-up* de 70%, o *mark-up* multiplicador é 1,70.

Mark-up divisor = 1 / 1,70 = 0,5882

Mark-up divisor = 1 – margem

Então,

Mark-up divisor = 1 – (26% + L) → 1 – (26% + L) = 0,5882

Resolvendo a equação, tem-se:

1 – 26% – L = 0,5882

L = 1 – 26% – 0,5882 = 1 – 0,26 – 0,5882

L = 0,1518 ou 15,18%

Um *mark-up* de 70% gera um lucro de 15,18%.

TABELA DE *MARK-UP* E LUCRO

Algumas vezes o dono do restaurante decide aplicar um único *mark-up* para grupos de produtos do restaurante ou mesmo para todos os produtos fabricados. Quando se escolhe um valor para o *mark-up* define-se também a margem, pois:

margem = 1 – *mark-up* divisor

Como a margem é a soma da estrutura do *mark-up*, que contém inclusive o lucro, este pode ser calculado, se for a incógnita da equação. Entenda mais no exemplo a seguir.

Suponha a seguinte estrutura de *mark-up* de um restaurante:

Impostos:	10%	
Comissões:	5%	
Despesas gerais:	10%	
Lucro:	?	
Total:	25%	margem (sem o lucro)

Se o restaurante desejar utilizar um *mark-up* de 50% para todos os seus produtos, ele estará definindo um *mark-up* multiplicador de 1,50. Sendo assim, o *mark-up* divisor será:

Mark-up divisor = 1 / 1,50 = 0,6667

e

Margem = 1 – 0,6667 = 0,3333

Ora, se a soma da estrutura do *mark-up*, sem o lucro é de 25%, pode-se escrever que:

0,3333 = 0,25 + lucro
Lucro = 0,3333 – 0,25
Lucro = 0,0833 ou 8,33%

O restaurante poderá preparar uma tabela que facilite o cálculo do preço de venda dos pratos a partir da aplicação de um *mark-up* escolhido. Uma sugestão é a Tabela 34, na qual as colunas correspondem ao cálculo descrito acima. Observe que, se o dono do restaurante do nosso exemplo escolher um *mark-up* de 30%, ele terá prejuízo.

Usando a tabela, fica mais prático fazer a revisão de um custo ou escolher o preço de venda de um novo produto, bastando multiplicá-lo pelo *mark-up*, que deverá ser escolhido em função do lucro desejado. Por exemplo, se o lucro desejado for de 25%, o *mark-up* multiplicador deverá ser de 2,00. É necessário, antes de adotar o novo preço, compará-lo com a concorrência e avaliar a disposição do mercado em pagá-lo.

Tabela 34 Tabela de *mark-up* × lucro

Mark-up	*Mark-up* multiplicador	*Mark-up* divisor	Margem	Soma *mark-up* sem lucro	Lucro ou prejuízo
30%	1,30	0,7692	0,2308	0,2500	-1,92%
40%	1,40	0,7143	0,2857	0,2500	3,57%
50%	1,50	0,6667	0,3333	0,2500	8,33%
60%	1,60	0,6250	0,3750	0,2500	12,50%
70%	1,70	0,5882	0,4118	0,2500	16,18%

(cont.)

Mark-up	*Mark-up* multiplicador	*Mark-up* divisor	Margem	Soma *mark-up* sem lucro	Lucro ou prejuízo
80%	1,80	0,5556	0,4444	0,2500	19,44%
90%	1,90	0,5263	0,4737	0,2500	22,37%
95%	1,95	0,5128	0,4872	0,2500	23,72%
100%	2,00	0,5000	0,5000	0,2500	25,00%
150%	2,50	0,4000	0,6000	0,2500	35,00%
200%	3,00	0,3333	0,6667	0,2500	41,67%
250%	3,50	0,2857	0,7143	0,2500	46,43%
300%	4,00	0,2500	0,7500	0,2500	50,00%
350%	4,50	0,2222	0,7778	0,2500	52,78%
400%	5,00	0,2000	0,8000	0,2500	55,00%
450%	5,50	0,1818	0,8182	0,2500	56,82%
500%	6,00	0,1667	0,8333	0,2500	58,33%

Fica claro pela observação da Tabela 34, que *mark-up* e lucro não são o mesmo. Veja que, se o *mark-up* for de 200% (*mark-up* multiplicador de 3,00), o lucro será de 41,67% sobre o preço de venda, pois o *mark-up*, além de pagar o lucro, paga também os outros itens de sua estrutura.

TABELA DE PREÇOS E MARGENS DE CONTRIBUIÇÃO

A Tabela 35 – Preços e margens de contribuição é de grande utilidade na gestão do lucro. É somente por meio dessa tabela que os preços dos itens do cardápio entram no sistema, quando digitados. Essa tabela está interligada à Tabela 18 – Ficha técnica, que lhe fornece três informações: o nome dos produtos (coluna B); a modalidade (coluna C), que distingue se o produto faz parte de serviço à la carte ou self-service, digitando-se a palavra "self"; e o custo dos materiais vendidos (coluna F). No caso de um produto do self-service, o preço deve ser dado por kg, pois é assim que ele é vendido e é assim que seu CMV é calculado na FT. A Tabela 35 também está interligada à Tabela 28 – Informações complementares, que lhe fornece o valor da DVV%, exibida no topo da tabela (célula J2). De posse desses dados, os cálculos feitos na própria Tabela 35 exibem informações importantíssimas, como o CMV%, a MC e a MC%, que ajudam na estratégia que o restaurante deve adotar com relação aos preços do cardápio. A tabela mostra, ainda, o status do item do cardápio, que poderá não estar ativo em algum momento.

Precisam constar nessa tabela as bebidas que sejam materiais de revenda, assim como outros produtos do tipo sobremesas ou salgados que não sejam fabricados pelo restaurante. Mas esses produtos não geram fichas técnicas, e eles virão da interligação da Tabela 35 com a Tabela 19 – Acompanhamento do custo de aquisição de insumos. A Tabela 19 fornece o nome da bebida e o CMV, informações suficientes para gerar os cálculos complementares.

Além da indispensável função de fornecer os preços do cardápio, outra grande serventia da Tabela 35 é permitir que se observe, facilmente, um conjunto de indicadores responsáveis pela rentabilidade do negócio. São eles: o CMV%, a MC% e a DVV%, que somados equivalem a 100% do preço de venda. Esses indicadores orientam para o que se convenciona chamar de situação confortável da operação, que acontece quando o CMV% está em torno de 30% do PV – quanto menor, mais interessante – e quando a MC% está acima de 50% do PV – quanto maior, melhor. A DVV% tem parte nisso, pois a soma dos três indicadores é 100%. Ainda há mais um componente nessa análise: o *mix* de venda, pois uma MC% mais baixa pode ser compensada por uma participação maior no faturamento total. Essas questões serão mais detalhadas na Tabela 42,

Tabela 35 Preços e margens de contribuição

				Mês:			DVV	-
Produto	Nº FT	Modal.	Pr. venda cardápio ou por kg	CMV		MC		Status
				R$	% do PV	R$	% do PV	
-	FT1		-	-	0,00%	-	0,00%	
-	FT2		-	-	0,00%	-	0,00%	
-	FT3		-	-	0,00%	-	0,00%	
-	FT4		-	-	0,00%	-	0,00%	
-	FT5		-	-	0,00%	-	0,00%	
-	FT6		-	-	0,00%	-	0,00%	
-	FT7		-	-	0,00%	-	0,00%	
-	FT8		-	-	0,00%	-	0,00%	
-	FT9		-	-	0,00%	-	0,00%	
-	FT10		-	-	0,00%	-	0,00%	
-	FT11		-	-	0,00%	-	0,00%	
-	FT12		-	-	0,00%	-	0,00%	
-	FT13		-	-	0,00%	-	0,00%	
-	FT14		-	-	0,00%	-	0,00%	
-	FT15		-	-	0,00%	-	0,00%	
-	FT16		-	-	0,00%	-	0,00%	
-	FT17		-	-	0,00%	-	0,00%	
-	FT18		-	-	0,00%	-	0,00%	
-	FT19		-	-	0,00%	-	0,00%	
-	FT20		-	-	0,00%	-	0,00%	
-	...		-	-	0,00%	-	0,00%	
-	FT133		-	-	0,00%	-	0,00%	
-	FT134		-	-	0,00%	-	0,00%	
-	FT135		-	-	0,00%	-	0,00%	
-	FT136		-	-	0,00%	-	0,00%	
-	FT137		-	-	0,00%	-	0,00%	
-	FT138		-	-	0,00%	-	0,00%	
-	FT139		-	-	0,00%	-	0,00%	
-	FT140		-	-	0,00%	-	0,00%	

Status: ativo (A) ou não ativo (NA)

utilizada para a simulação da operação. No entanto, uma simulação preliminar poderá ser feita na Tabela 35, por exemplo, verificando se a receita culinária expressa na FT poderia ser alterada para reduzir o custo, com a ajuda do chef e sem causar danos à qualidade.

A Tabela 35 é muito útil no estudo de lançamento de um novo prato. Antes de ir para o cardápio, a receita culinária pode ser submetida a uma simulação, com variações no peso limpo dos ingredientes - com a participação do chef -, de forma a se obter um CMV adequado para um preço de venda aceito pelo mercado e coerente com a rentabilidade desejada. É um extraordinário exercício de simulação, indispensável a um bom cardápio.

Alterar o preço de venda deve ser a última das soluções empregadas; todavia, essa alteração pode causar efeito positivo nesses indicadores, e é necessária quando há aumentos generalizados dos preços dos insumos e dos custos em geral.

Como o mercado é soberano, há muito o que fazer por uma solução adequada, assunto que poderá ser mais explorado no tópico "Análise pela margem de contribuição e simulação do resultado". De todo modo, a Tabela 35 é um importante coadjuvante do processo de gerir o lucro.

Gerenciando o lucro

Gerenciar o lucro é imprescindível para a continuidade do negócio. Exige uma postura diligente e uma atenção dirigida a toda a cadeia produtiva, que vai desde o fornecedor até a pós-venda, quando a satisfação do cliente final é medida.

É preciso não só atenção aos custos e às despesas, mas também aos ralos que, por serem muitas vezes quase imperceptíveis, conduzem a lucratividade para baixo. Para gerenciar o lucro é necessário conhecer intimamente os meandros do negócio e dispor de mecanismos de planejamento que gerem informações simples e pertinentes, de forma a orientar a tomada de decisões. Entre os vários recursos utilizados destacam-se:

- Controle dos custos e das despesas fixas
- Demonstração de resultados – DRE
- Plano de vendas
- Definição de um retorno mínimo
- Estimativa de um limite para as despesas fixas
- Cálculo do ponto de equilíbrio
- Análise pela margem de contribuição e simulação de resultado
- Construção de cenários

POR TRÁS DOS CUSTOS E DAS DESPESAS FIXAS

A parcela mais significativa dos custos fixos e indiretos não provém de produtos físicos ou das atividades da produção, mas de transações que, em geral, não agregam valor. Miller e Vollmann chamam essas transações de *fábrica oculta* e classificam-nas em:

- Transações logísticas: cuidam da movimentação dos materiais, em todos os seus aspectos.

  Num restaurante, são as atividades ligadas ao transporte dos insumos e dos materiais, ao tamanho do lote de compras, à frequência da compra, às perdas, aos atrasos, ao armazenamento e a tudo o que se relacionar com o processo de aquisição e encaminhamento das matérias-primas, das embalagens e de materiais diversos.

- Transações de equilíbrio: tentam harmonizar o suprimento dos fatores de produção, insumos, mão de obra e capacidade instalada com a demanda. Num restaurante, são as atividades que garantem o suprimento das matérias-primas e administram o pessoal de acordo com a demanda real vinda dos clientes.

- Transações de qualidade: encerram todas as preocupações com a qualidade na empresa.

  Num restaurante, são as atividades que controlam a qualidade na preparação dos alimentos, determinam a especificação dos insumos e bens a serem adquiridos; preocupam-se com as boas práticas de fabricação e com o APPCC (Análise de Perigo e Pontos Críticos de Controle); cuidam dos registros de informações como o fator de correção dos insumos, etc.

- Transações de mudanças: cuidam de manter atualizados todos os sistemas de informações sobre a produção. Num restaurante, são as atividades de manutenção dos manuais, dos arquivos eletrônicos, das fichas técnicas e de tudo que mantenha em dia as mudanças verificadas ao longo dos processos.

Como essas atividades não agregam valor ao produto, o interessante no conceito de fábrica oculta é que ele desperta para o tamanho do que pode estar por trás desses custos indiretos e mostra o que verdadeiramente eles estão influenciando.

Com esse raciocínio é que as empresas mais competentes e proativas têm analisado, detalhadamente, seus processos, tentando eliminar tudo o que não agrega valor e aperfeiçoando o que não é possível ainda eliminar. A automação é hoje uma saída para a solução de grande parte desses problemas, pois promove a integração dos diversos sistemas. A padronização é outra prática que colabora muito na eliminação de atividades dispensáveis, pela estabilidade que promove nas operações produtivas, evitando falhas e inspeções desnecessárias.

Um bom exemplo de eliminação de atividades da fábrica oculta é a São Braz S/A, uma empresa paraibana do ramo de alimentos que reduziu seus custos de compras de materiais de escritório e de manutenção com a elaboração de uma tabela de preços para o período de um ano. Depois de verificar os preços, a empresa escolheu um fornecedor único para os itens mais consumidos. O fornecedor assumiu o compromisso de manter estoques mínimos no almoxarifado da fábrica. Mensalmente reabastecia o estoque, ocasião em que o consumo era faturado contra a empresa. Como resultado, a São Braz vendeu o carro que realizava as compras, que não parava de rodar em busca dos materiais solicitados pelos diversos setores da empresa e deslocou o motorista para outra atividade; reduziu drasticamente as despesas com comunicação, pois não havia mais tomadas de preços diárias; aumentou a eficiência, pois os materiais estavam sempre à mão; e ganhou um tempo adicional para o pagamento dos itens consumidos, que só eram faturados após a visita do fornecedor, que mantinha inclusive um armário exclusivo para a estocagem dos seus itens dentro do almoxarifado. Dessa forma, a São Braz eliminou um grande número de atividades que não agregavam valor ao produto final e eram demandadas pelo suprimento de materiais de escritório e por alguns itens de manutenção, como parafusos, porcas, correias e rolamentos.

É bem verdade que muitas atividades que não agregam valor ao produto são indispensáveis para a saúde organizacional da empresa, e algumas delas devem continuar existindo. No entanto, a análise permanente nas variações dos itens da Tabela 27 é uma obrigação da administração do restaurante, pois identificar o mais cedo possível tendências de alta nos custos e despesas é certamente o caminho mais seguro para proteger a rentabilidade da empresa. A identificação de alterações significativas nas despesas nem sempre significa aumento de preços, pois muitas vezes o mercado não os absorve, mas alimenta a criatividade à procura de soluções adequadas que busquem manter ou até incrementar a rentabilidade. Trabalhar olhando para a eficiência dos processos, sejam quais forem eles, e combatendo o desperdício, em todas as suas manifestações, é uma postura prudente e necessária à continuidade do negócio.

PLANO DE VENDAS

O gerenciamento do lucro exige organização e planejamento. O plano de vendas é um instrumento de muita valia para a adoção das medidas necessárias à obtenção do resultado desejado. Como veremos neste capítulo, pode-se determinar um volume máximo para os custos e despesas fixas que garanta um determinado lucro, por exemplo, sobre o investimento. Essa simulação passa, necessariamente, pela estimativa das vendas. O plano de vendas baseia-se no desempenho de anos anteriores, levando-se em conta a sazonalidade histórica e os eventos turísticos e regionais que têm influência sobre as vendas. Por isso, é fundamental que essas informações sejam sempre registradas. Quando se trata de uma empresa nova, as previsões são mais difíceis – exigem maior sensibilidade para estimar as vendas e demandam análises que incluem a busca de informações na concorrência e pesquisa de mercado – mas não impossíveis.

O plano de vendas deverá ser feito para um período não inferior a seis meses, e antes do início de cada mês precisa ser reavaliado e adotado como o plano de vendas do mês. Isso significa que a previsão do mês que se inicia passa a ser um compromisso, uma meta, agora com as correções acatadas na reavaliação.

O plano de vendas auxilia a elaboração do cálculo do resultado previsto, o que se verá no próximo tópico. Outro objetivo, o mais comum, é verificar se o faturamento total previsto no plano está à altura do lucro desejado, o que poderá exigir correções imediatas. Essas correções poderão exigir variações nos preços ou nos volumes, mas isso precisará da aquiescência do mercado. Também poderá indicar a necessidade de modificações no custo variável de produção, o que deve ser feito sem abandonar o cuidado com a qualidade dos produtos e com as exigências dos clientes. Veja na Tabela 36 um exemplo de plano de vendas.

Tabela 36 Plano de vendas (1º semestre)

Produtos	Janeiro			Fevereiro			Março			Abril			Maio			Junho		
	Unid.	Pr. unit.	Fat.	Unid.	Pr. unit.	Fat.	Unid.	Pr. unit.	Fat.	Unid.	Pr. unit.	Fat.	Unid.	Pr. unit.	Fat.	Unid.	Pr. unit.	Fat.
1. Entradas																		
A	800	9,00	7.200	650	9,00	5.850	500	8,00	4.000	500	8,00	4.000	500	8,00	4.000	500	8,00	4.000
B	600	8,00	4.800	450	8,00	3.600	300	10,00	3.000	300	10,00	3.000	300	10,00	3.000	300	10,00	3.000
C	400	8,00	3.200	300	8,00	2.400	200	12,00	2.400	200	12,00	2.400	200	12,00	2.400	200	12,00	2.400
2. Pratos principais			-			-			-			-			-			-
D	750	21,00	15.750	600	21,00	12.600	500	25,00	12.500	500	25,00	12.500	500	25,00	12.500	500	25,00	12.500
E	650	21,00	13.650	500	21,00	10.500	350	23,00	8.050	350	23,00	8.050	350	23,00	8.050	350	23,00	8.050
F	1.000	15,00	15.000	800	15,00	12.000	600	17,00	10.200	600	17,00	10.200	600	17,00	10.200	600	17,00	10.200
G	600	21,00	12.600	450	21,00	9.450	300	21,00	6.300	300	21,00	6.300	300	21,00	6.300	300	21,00	6.300
H	350	18,00	6.300	250	18,00	4.500	250	19,00	4.750	250	19,00	4.750	250	19,00	4.750	250	19,00	4.750
2. Sobremesas			-			-			-			-			-			-
I	450	10,00	4.500	350	10,00	3.500	250	10,00	2.500	250	10,00	2.500	250	10,00	2.500	250	10,00	2.500
J	400	9,00	3.600	300	9,00	2.700	200	9,00	1.800	200	9,00	1.800	200	9,00	1.800	200	9,00	1.800
K	600	5,00	3.000	500	5,00	2.500	400	7,00	2.800	400	7,00	2.800	400	7,00	2.800	400	7,00	2.800
3. Bebidas																		
L	1.300	2,50	3.250	900	2,50	2.250	700	2,50	1.750	700	2,50	1.750	700	2,50	1.750	700	2,50	1.750
M	1.000	3,00	3.000	700	3,00	2.100	500	3,00	1.500	500	3,00	1.500	500	3,00	1.500	500	3,00	1.500
N	800	2,00	1.600	600	2,00	1.200	500	2,00	1.000	500	2,00	1.000	500	2,00	1.000	500	2,00	1.000
O	500	2,50	1.250	400	2,50	1.000	300	2,50	750	300	2,50	750	300	2,50	750	300	2,50	750
Totais	6.600		98.700	5.150		76.150	3.850		63.300	3.850		63.300	3.850		63.300	3.850		63.300

Demonstração do resultado

Uma das importantes ferramentas para o gerenciamento do lucro é a demonstração do resultado (DRE). De fácil elaboração e compreensão, a DRE poderá ser feita pelo critério do custeio direto ou variável, pois ele expressa a margem de contribuição, que é de grande valia para a tomada de decisões. No final de cada mês, deve-se elaborar uma DRE a fim de se conhecer o resultado financeiro do restaurante, uma das informações mais importantes para a vida do negócio. As DREs devem também ser elaboradas na fase de planejamento, logo que se tenha o plano de vendas e as informações sobre os custos e as despesas. Nessa fase, já se pode verificar as possibilidades de ganho do negócio.

Veja na Tabela 37 uma forma simples de elaboração da DRE.

Tabela 37 Demonstração de resultados – DRE

Item		Mês 1	%	Mês 2	%	M2 / M1
Receita bruta		66.136	100,00	72.750	100,00	10,0%
(-)	Custo variável produção	25.721	38,89	26.750	36,77	4,0%
(-)	Despesa variável venda	5.952	9,00	6.547	9,00	10,0%
=	Margem de contribuição	34.463	52,11	39.453	54,23	14,5%
(-)	Despesas fixas	15.000	22,68	15.000	20,62	0,0%
=	Resultado operacional	19.463	29,43	24.453	33,61	25,6%

As informações são de fácil obtenção:

- o faturamento bruto é a informação que sai do caixa ou da registradora do restaurante; está sempre disponível;
- o custo variável de produção é o que representa, exclusivamente, o gasto com todos os insumos utilizados no preparo dos pro-

dutos durante o período a que se refere a DRE. Também inclui a embalagem se, por exemplo, o restaurante utilizou o serviço de entrega. Não inclui o custo de mão de obra, pois os funcionários ganham um salário mensal que será pago independentemente da produção;

- a despesa variável de venda reúne todos os gastos que variam diretamente com o faturamento, como os impostos, comissões, etc.;
- os custos e as despesas fixas, nesse caso, não serão rateados pelos produtos, o que não causará distorções. Deverão ser somados e levados ao resultado.

Pela simplicidade de elaboração e pela sua utilidade, esse relatório é valioso, pois mostra se o restaurante está gerando lucro e qual o seu montante, e se esse lucro está de acordo com a expectativa dos sócios. Mostra também a porcentagem que cada item representa no total do faturamento, a qual deve ser acompanhada mês a mês. Isso ajuda a identificar distorções e erros na apropriação dos custos, bem como a acompanhar o comportamento dos custos e das despesas fixas, que costumam causar surpresas desagradáveis quando não são acompanhados. Custos e despesas fixas estáveis geram o que se chama de *alavancagem operacional*. Observe na Tabela 37 que um aumento de 10% nas vendas ocasionou um aumento de 25,6% no resultado operacional, ou seja, um aumento nas vendas ocasionou um aumento mais que proporcional no lucro; isso é alavancagem operacional. Aconteceu porque os custos e as despesas fixas foram utilizados para potencializar o efeito do aumento das vendas sobre o lucro do restaurante, e o restaurante foi competente para, com os mesmos custos e despesas fixas, faturar mais. Esse conceito é importante, pois sempre é um bom exercício tentar aumentar o faturamento, introduzindo novos serviços, produtos ou atitudes que façam os clientes comprarem mais sem que o restaurante precise gastar mais.

A DRE poderá ser elaborada por produto, o que expressará com mais realidade o resultado obtido. Veja o exemplo na Tabela 38, que apresenta com detalhes o mês 2 da Tabela 37.

Tabela 38 Demonstração de resultados – DRE

Item	Produto A	Produto B	Produto C	Total	%
Produção (unidades)	2.000	1.000	750	3.750	
Preço médio de venda verificado	17	20	25		
Faturamento	34.000	20.000	18.750	72.750	100%
Custo total variável de produção	15.600	6.800	4.350	26.750	37%
Despesa total variável de vendas	3.060	1.800	1.687	6.547	9%
Margem de contribuição total	15.340	11.400	12.713	39.453	54%
Margem de contribuição unitária	7,67	11,40	16,95		
Gastos fixos totais				15.000	21%
Resultado operacional				24.453	34%

Nessa DRE foram incluídos a quantidade de produtos fabricados e o preço médio de venda, informações importantes para a comparação com DREs de outros meses.

Também está incluída a margem de contribuição por produto, o que mostra como cada um deles contribui para pagar os custos fixos e gerar o lucro. Na DRE do exemplo, observa-se que o produto C, por apresentar uma margem de contribuição quase 50% maior que a do produto B e mais do que o dobro que a do produto A, responderá positivamente a um esforço de venda em benefício do resultado operacional.

A coluna de porcentagem exprime a relação de alguns itens com o faturamento total, o que é de muita utilidade para, por exemplo, visualizar o comportamento mês a mês do resultado operacional em relação ao faturamento.

Essas análises ajudam a administrar o restaurante, pois são indicadoras de possíveis problemas.

A DRE também pode ser feita na forma contábil ou vertical, que tem a forma da Tabela 39.

Tabela 39 Demonstração de resultados – DRE

Item	Mês 1	%	Mês 2	%	M2 / M1
Receita bruta	80.000,00	100,00%	85.000,00	100,00%	6,3%
(-) Deduções	4.500,00	5,63%	4.744,00	5,58%	5,4%
Receita líquida	75.500,00	94,38%	80.256,00	94,42%	6,3%
(-) Custo das vendas	28.200,00	35,25%	30.000,00	35,29%	6,4%
Lucro bruto	47.300,00	59,13%	50.256,00	59,12%	6,2%
(-) Despesas operacionais		0,00%		0,00%	
De vendas	9.100,00	11,38%	9.400,00	11,06%	3,3%
Administrativas	8.500,00	10,63%	8.600,00	10,12%	1,2%
Financeiras (-) Receitas financeiras	1.700,00	2,13%	1.900,00	2,24%	11,8%
Lucro operacional	28.000,00	35,00%	30.356,00	35,71%	8,4%

A receita bruta representa a venda total do restaurante, não deduzidas as devoluções e os abatimentos concedidos de qualquer espécie. Esses tipos de desconto são somados na linha das deduções, onde também estão os impostos pagos sobre a venda. Essas informações são importantes porque, ao analisar a DRE, pode-se avaliar o desempenho do restaurante diante das devoluções, que, se forem altas, podem significar, por exemplo, problemas com a qualidade dos produtos. Os abatimentos indicam, também, se o restaurante está muito liberal com as cortesias aos clientes, fornecendo descontos ou gratuidades. A receita líquida é a receita real do restaurante; nela estão descontados os impostos, as devoluções e os abatimentos e descontos concedidos aos clientes.

O lucro bruto é a diferença entre a receita líquida e o custo da mercadoria vendida (CMV), no qual não se consideram despesas administrativas, despesas de vendas e despesas financeiras.

O lucro operacional é o que resulta da atividade operacional da empresa. É calculado subtraindo-se do lucro bruto as despesas operacionais (de vendas, administrativas e financeiras).

As despesas administrativas incluem aquelas referentes à administração do restaurante, a exemplo dos gastos com escritório, honorários da diretoria, salários com o pessoal do escritório, aluguéis, seguros, assinatura de revistas e jornais, etc.

As despesas financeiras abrangem os juros com empréstimos, taxas bancárias, juros de mora, etc. Elas deverão ser compensadas pelas receitas financeiras, decorrentes de aplicações financeiras ou atividades assemelhadas. Essas receitas poderão inclusive ser maiores que as despesas financeiras. As despesas com cartão de crédito não deverão ser incluídas nas despesas financeiras, pois serão consideradas, de forma mais apropriada, como despesa variável sobre a venda, e participam da Tabela 28 - Informações complementares. Ver mais detalhes no tópico "Informações complementares".

RETORNO DO NEGÓCIO

Uma das preocupações mais frequentes entre os empresários pequenos e médios é saber qual o lucro ou o retorno ideal para o seu negócio. Primeiro é importante distinguir lucro de retorno. Um lucro pode parecer excelente e não representar um bom retorno quando comparado ao investimento feito. Que retorno seria um bom valor para remunerar o capital investido? Se o empresário não tem uma ideia de retorno para o seu negócio pode pensar numa referência muito usada no mundo inteiro: os títulos públicos do governo federal. No Brasil, a taxa desses títulos é conhecida como taxa Selic, balizadora do mercado na formação das taxas de juros. Esses títulos são custodiados e liquidados pelo Sistema Especial de Liquidação e Custódia (Selic), que empresta o nome à taxa e se encarrega somente da operação com títulos públicos. Os principais títulos negociados pelo Selic são o Bônus do Banco Central (BBC) e as Notas do Tesouro Nacional (NTN). A taxa Selic é considerada uma taxa livre de risco.

Os títulos privados também podem ser considerados. A taxa Cetip (Central de Custódia e de Liquidação Financeira de Títulos) utilizada pelos bancos no Certificado de Depósito Interbancário (CDI) também é uma taxa livre de riscos.

A Selic e o CDI são taxas de referência para se determinar o retorno adequado ao investimento, pois, se o empresário não investisse no negócio, essas taxas seriam uma opção segura. Há, no entanto, outra variável importante no mundo dos negócios que interfere no retorno dos investimentos e para a qual se precisa dedicar atenção: o risco.

O investidor não pode esperar de um investimento apenas o que obteria se aplicasse numa taxa livre de risco. Exatamente porque, ao investir num negócio, ele corre risco. A taxa mínima de atratividade (TMA) é o valor mínimo de remuneração do investimento; corresponde ao que seria obtido investindo-se em taxas livres de risco, mais um prêmio pelo risco. Ou seja:

TIR (%) = taxa livre de risco + taxa de risco

A taxa de risco engloba dois tipos de risco: o conjuntural e o próprio. O risco conjuntural está afeto aos sistemas político, econômico e social do país. Os investidores internacionais, sobretudo, estão sempre atentos ao risco conjuntural, que varia de acordo com as crises por que passa cada país e que reflete as mazelas nacionais, como a corrupção, os desmandos e a falta de marcos legais, que amedrontam os investidores. Há bancos e agências internacionais que medem e classificam um desses riscos conjunturais, o chamado risco-país, e o transformam em pontos. Cada 100 pontos equivalem a uma sobretaxa de 1%, cobrada dos governos e empresas pelos investidores financeiros. Por exemplo, se o risco-país está avaliado em 200 pontos, o risco conjuntural equivale a uma sobretaxa de 2%, que deve ser considerada no cálculo do retorno dos investimentos no país.

A inflação é, também, um risco conjuntural, e o que mais prejudica os negócios. No caso dos restaurantes, a preocupação com o risco conjuntural está ligada apenas à inflação. Deve-se estabelecer uma taxa de juros que possa representar os custos desse risco e repassá-lo ao mercado, como forma de se proteger dele, agindo para que o retorno do investimento o absorva.

O efeito da inflação sobre as taxas de juros pode ser compreendido pela famosa equação do americano Irving Fisher, chamada de equação de Fisher, dada por:

$$(1 + r) = (1 + i) / (1 + \text{inflação})$$

ou

$$r = \frac{(1 + i)}{(1 + \text{inflação})} - 1$$

Em que:

r: taxa real

i: taxa efetiva

Exemplo: o dono de um restaurante deseja ter um retorno real mínimo sobre o investimento feito em torno de 20% a.a. A inflação nesse ano está estimada em 5%. Qual deve ser o valor de sua TIR?

$$(1 + 20\%) = (1 + i) / (1 + 5\%)$$

$$1 + i = (1 + 20\%) \times (1 + 5\%)$$

$$i = 1{,}20 \times 1{,}05 - 1 = 1{,}26 - 1$$

$$i = 26{,}0\%$$

A taxa de 20% é real porque representa o ganho do dono do restaurante após descontada a inflação. Essa taxa efetiva de 26% a.a., portanto, suporta um risco de uma inflação de no máximo 5% a.a.

Se a TIR da operação se mantiver em 26%, como desejado, mas a inflação for de 7% a.a., o que acontecerá com o ganho real do dono do restaurante?

$$1 + 26\% = (1 + r) \times (1 + 7\%)$$

$$r = 1{,}26 / 1{,}07 - 1 = 1{,}1776 - 1$$

$$r = 17{,}76\%$$

A taxa efetiva de 26% só suportava um risco máximo de 5%, portanto, com a inflação em 7% – dois pontos a mais no risco –, o ganho real caiu 2,24 pontos, indo de 20% a.a. para 17,76% a.a.

Acompanhar a variação da inflação analisando o ambiente externo é importante, porque não há como eliminar o risco – o que todo gestor gostaria –, mas se pode trabalhar para que o retorno real suporte variações maiores do risco, comprando melhor, diminuindo custos, eliminando perdas, enfim, preparando-se para enfrentar riscos maiores.

Pode-se generalizar a equação de Fisher a fim de incluir mais riscos da seguinte forma:

$$(1 + i) = (1 + risco_1)\,(1 + risco_2)\ldots(1 + risco_n)\,(1 + r)$$

ou

$$r = \frac{(1+i)}{(1 + risco_1)\,(1 + risco_2)\ldots(1 + risco_n)} - 1$$

O risco próprio, no caso de um restaurante, pode abranger aspectos ligados à competência do grupo que o dirige, tanto do ponto de vista técnico, da gastronomia, quanto dos aspectos da administração de pessoas e finanças. Isso significa que o conhecimento e a experiência com a gastronomia podem reduzir o risco, assim como uma boa liderança e a capacidade financeira de garantir e honrar os compromissos. Também influenciam o risco as questões relativas ao tipo de comida, ao local onde o restaurante está instalado e à classificação do público que ele pretende atender: econômico, familiar, moderado ou luxo (classificação apresentada mais adiante, no tópico "Parâmetros de classificação dos restaurantes").

Como visto, o investidor precisa estar consciente de que todo negócio é afetado por vários eventos que apresentam riscos. Bernstein afirmou que "ninguém enfrenta um risco na possibilidade de fracasso", mas eles podem ser quantificados e enfrentados, para deles obterem-se vantagens. Gitman, por sua vez, afirmou: "risco é a possibilidade de que os resultados realizados possam diferir daqueles esperados". Por tudo isso, o retorno precisa ser maior quando o risco aumenta.

VALOR DO INVESTIMENTO

De maneira fácil, pode-se considerar o investimento total como sendo o patrimônio líquido (PL) somado ao exigível a longo prazo (ELP). O PL representa o capital próprio somado aos lucros retidos. O ELP representa os empréstimos a longo prazo assumidos pela empresa. É considerado longo prazo todo empréstimo com mais de um ano para pagamento. Esses valores encontram-se no balanço da empresa.

O valor do investimento engloba todos os gastos realizados pelo investidor, desde o início do projeto até o dia em que o bar ou o restaurante entrou em operação. Devem-se considerar, inclusive, os gastos com o treinamento dos colaboradores.

LIMITE PARA AS DESPESAS FIXAS

Com as informações abordadas ao longo deste capítulo, já se pode calcular um limite para as despesas fixas, uma conta importante a ser feita e que orienta o dono do restaurante na estruturação do seu negócio.

Considere como exemplo um restaurante que fez um investimento de R$ 110.000,00. Os sócios consideraram como um bom retorno ganhar 34% ao ano sobre o capital investido, pois a taxa Selic está em torno de 15% ao ano, há uma previsão de inflação de 5% ao ano, o risco-país está em 4%, e o risco do negócio foi avaliado em 10%. Assim, 15% + 5% + 4% +10% somam 34%. Estima-se que as despesas variáveis da venda estão em 15,60%, pois o restaurante fez opção pelo Simples Nacional e estará na alíquota de 7,60%; pagará 5% de comissão sobre as vendas; e investirá 3% do faturamento em propaganda. Qual seria o limite para a despesa fixa do negócio? Considere o custo variável de produção ou (CMV) igual a 30% do faturamento.

Como se quer calcular o limite mensal para a despesa fixa, precisa-se determinar a taxa equivalente ao mês para a taxa de 34% ao ano, escolhida como retorno sobre o capital investido. Como esse cálculo não faz parte do escopo desse livro, pode-se consultar um contador, para quem esse assunto é familiar. No anexo, há um modelo, em Excel, para se calcular taxas equivalentes. A taxa equivalente a 34% a.a. é 2,469% a.m., taxas efetivas ou reais. Logo o dono do restaurante espera poder remunerar seu capital em:

2,469% × 110.000,00 = R$ 2.715,90 por mês

Numa DRE pode-se calcular um limite para as despesas fixas, como se vê na Tabela 40.

Tabela 40 Cálculo do limite das despesas fixas

Item			Valor R$
Investimento			110.000,00
	Faturamento do mês		47.500,00
-	Custos variáveis de produção	30,00%	14.250,00
-	Despesas variáveis	15,60%	7.410,000
=	**Margem de contribuição**		**25.840,00**
-	Retorno desejado do investimento	2,469%	2.715,90
=	**Despesa fixa possível**		**23.124,10**

Lembre-se de que a margem de contribuição paga as despesas fixas e o lucro. Se os sócios já definiram o lucro como sendo R$ 2.715,90, sobraram R$ 23.124,00 para as despesas fixas, que devem incluir os honorários do dono do restaurante, se ele participa da operação.

Note que, nessa DRE, em vez de diminuir-se da margem de contribuição as despesas fixas, para chegar ao lucro, diminui-se dela o lucro para calcular as despesas fixas. Entendendo-se por lucro o retorno mínimo objetivado pelo dono do restaurante.

Estimar o limite das despesas fixas é muito importante para ter um objetivo no controle desses gastos. Ou seja, tudo será feito para que as despesas fixas não ultrapassem o limite previsto.

Vejamos outro exemplo: uma pequena creperia fatura em média R$ 20.000,00. O dono do negócio calculou que todo o gasto com insumos e embalagens gira em torno de R$ 7.000,00 para esse faturamento. A creperia goza de incentivos fiscais de forma que só recolhe 4% de impostos sobre as vendas e paga 5% de comissão ao garçom. Os gastos mensais com aluguel, pessoal, água, energia, telefone e outras pequenas despesas somam R$ 6.000,00. O dono retira, mensalmente, R$ 2.000,00 como pró-labore pela sua participação muito frequente no negócio. Ele investiu R$ 20.000,00 na montagem da creperia e quer saber se fez bom negócio.

Quase todos os dados para orientar o dono da creperia já estão à nossa disposição; falta saber qual o retorno mínimo que ele deveria perseguir, pois os R$ 20.000,00 estavam aplicados a prazo fixo (CDI), rendendo 12,68% líquidos ao ano. O contador, que já conhece o dono da creperia há muito tempo e o considera um empreendedor de muito valor e irrequieto, fez a seguinte conta:

Taxa CDI a.a.:	11,29% (taxa real esperada pelo dono da creperia)
Inflação a.a.:	4,0%
Risco próprio a.a.:	8,0% (estimado na experiência do contador)

Pela equação de Fisher:

$$(1 + i) = (1 + risco_1)\,(1 + risco_2)\ \ldots\ (1 + risco_n)\,(1 + r)$$

$$(1 + i) = (1 + 0{,}04)\,(1 + 0{,}08)\,(1 + 0{,}1129) = 1{,}25 \quad \text{e}$$

$i = 25\%$ (taxa efetiva da operação)

O contador definiu, portanto, que uma taxa interna de retorno (TIR) de 25% ao ano seria um bom retorno, o que equivale a uma taxa efetiva de 1,88% ao mês. Ele apresentou uma DRE ao dono da creperia, conforme a Tabela 41.

Tabela 41 Cálculo do limite da despesa fixa

Item			Valor R$
Investimento			20.000,00
	Faturamento do mês		20.000,00
-	Custos variáveis de produção		7.000,00
-	Despesas variáveis	9,00%	1.800,00
=	**Margem de contribuição**		**11.200,00**
-	Retorno desejado do investimento	1,88%	376,00
=	**Despesa fixa possível**		**10.824,00**

Ora, se as despesas fixas da creperia não passam de R$ 8.000,00 (6.000,00 + 2.000,00), o investimento foi um bom negócio.

CÁLCULO DO PONTO DE EQUILÍBRIO

O cálculo do ponto de equilíbrio (PE) constitui uma informação muito importante e deve ser um número perseguido mensalmente, uma vez que determina o momento a partir do qual os custos fixos foram pagos e inicia-se a formação do lucro. A partir daí, a margem de contribuição que cada produto vendido gera passa integralmente a se somar ao lucro do mês. Portanto, saber qual é esse número, em termos do faturamento do mês, é algo indispensável para o gerenciamento do lucro. Tomar providências para atingi-lo é uma tarefa árdua, mas muitas vezes prazerosa, principalmente quando os negócios vão bem e aquele número mágico é atingido bem antes do final do mês.

ANÁLISE PELA MARGEM DE CONTRIBUIÇÃO E SIMULAÇÃO DO RESULTADO

As informações coligidas no preenchimento das tabelas apresentadas até agora e os cálculos que elas realizam, automaticamente, oferecem uma excelente oportunidade para analisar o desempenho do restaurante sob diversas perspectivas. Entre elas, a lucratividade, que é uma das mais desejadas e menos trabalhadas. Os temas envolvidos são conhecidos, no entanto, falta concatenação para dispor de um conhecimento organizado e homogêneo que possa ser aplicado e que satisfaça o objetivo desejado. O que está apresentado ao longo dos tópicos deste livro fornece uma base teórica importante e que foi utilizada na elaboração de todas as tabelas apresentadas, de forma a permitir que o gestor possa analisar, com mais profundidade, o desempenho do restaurante. A Tabela 42 é um ponto de convergência das informações colhidas, o que a torna uma ferramenta extraordinária de avaliação da rentabilidade. Todavia, é imperativo que todas as tabelas estejam preenchidas e devidamente interligadas, como sugere o texto, para que as análises possam ser realizadas corretamente. Dessa forma, a qualquer instante da operação, já se pode consultar, por exemplo, a MC média, o faturamento do ponto de equilíbrio (PE) e o poder que cada produto do cardápio tem de contribuir para o lucro, assim como observar a participação de cada produto vendido no pagamento dos custos fixos, e assim por diante. A partir daí, a Tabela 42 está pronta para simular o comportamento de muitas variáveis e mensurar seus efeitos sobre o resultado do negócio, munindo o gestor de informações preciosas e a tempo de orientar a tomada de decisões de menor risco.

Com exceção dos ajustes que serão usados para a simulação, todas as informações da tabela já estão, automaticamente, inseridas, não necessitando de qualquer digitação, o que é excepcional. Antes de operar a Tabela 42, é interessante visualizar suas seis áreas:

Área 1 - Amarela: apresenta as principais informações determinantes do resultado do negócio. Aí estão os produtos do cardápio com seu *mix* de venda, seu CMV e seu PV; os valores do investimento, da estrutura física e de operação do restaurante; o custo fixo; o faturamento; e as informações da economia que interferem na rentabilidade do negócio. É o retrato da operação do restaurante num determinado instante. Vê-se, também, as células de ajustes, que poderão ser utilizadas para simular a operação sob cenários projetados e que se destacam na cor verde.

Área 2 - Cinza: apresenta as despesas variáveis da venda.

Área 3 - Lilás: essa área espelha parte da área amarela e apresenta informações importantes sobre a capacidade dos produtos de contribuírem para o lucro por meio de sua MC%, mostrando a formação da MC média e do ponto de equilíbrio da operação.

Área 4 - Marrom-claro: expõe informações de produção dos produtos, em função do ajuste do faturamento pela simulação.

Área 5 - Azul claro: exibe os resultados da operação. É de fácil compreensão e conta com explicações suficientes ao longo de todo o livro. A disponibilidade e a rotação de assentos, a classificação do restaurante pela rotatividade e pelo tíquete médio, bem como o seu faturamento potencial – assuntos apresentados no próximo capítulo – são informações balizadoras do desempenho do restaurante.

Área 6 – Laranja: exibe alertas sobre a coerência de algumas variáveis, por exemplo: se o faturamento que estiver sendo simulado está maior do que o faturamento potencial do restaurante; se a rotatividade encontrada está consoante com a rotatividade típica do restaurante (assunto apresentado mais à frente); se as classificações do restaurante pela rotatividade e pelo tíquete médio estão divergentes (assunto tratado mais à frente); e se a taxa de retorno da simulação está coerente com a taxa mínima almejada.

Entendida a Tabela 42 pelas suas áreas, já podemos entrar nos detalhes da simulação.

A simulação pode ser direta ou indireta. É direta quando a variável pode ser alterada por meio de uma célula de ajuste na própria tabela, e é indireta quando se tem de recorrer a uma tabela interligada para alterar a variável. As células de ajuste estão disponíveis para 15 variáveis, e o gestor deverá ter bom senso para manejá-las em cenários projetados ou idealizados diante de mudanças previstas ou imaginadas nos ambientes interno e externo. As 15 variáveis para simulação direta são:

1. Tipo de ajuste no PV (pontual ou geral)
2. Valor do ajuste
3. Ajuste no PV
4. Ajuste no CMV
5. Valor do investimento no restaurante
6. Dias por mês da operação
7. Número de turnos
8. Número de assentos disponíveis
9. Valor do tíquete médio
10. Custo fixo
11. Faturamento

12. Taxa Selic (sem risco)
13. Inflação anual
14. Risco-país
15. Taxa mínima de atratividade (TMA)

A seguir, são apresentados detalhes sobre a simulação das variáveis.

Tipo de ajuste no PV, *Valor do ajuste* e *Ajuste no PV* – se o interesse da simulação for variar o preço dos produtos no cardápio, é necessário escolher primeiro o tipo de ajuste: se vai ser feito em todo o cardápio ou apenas em alguns produtos, pontualmente. Essa escolha é feita no topo da tabela, escolhendo-se, na célula H2, entre os números 1 ou 2.

Escolher o nº 1 sinaliza que o ajuste é pontual, ou seja, neste caso, o gestor vai escolher um ou mais produtos e digitar o valor do ajuste para cada um, na célula de ajuste correspondente. Por exemplo, pode-se ajustar o valor de uma lagosta, que na época da desova não pode ser pescada, pois é o período da entressafra e os preços aumentam muito; ou de um filé-mignon, cujo preço interno encareceu muito devido à desvalorização da moeda brasileira, que provocou um aumento substancial nas exportações de carne. Esses dois produtos podem necessitar de um reajuste no preço de venda; nesse caso, escolhe-se o ajuste pontual.

Por outro lado, se houver a intenção de um reajuste geral em todo o cardápio, escolhe-se o nº 2 e digita-se na célula I2, ao lado, o ajuste pretendido. Desse modo, todo o cardápio será ajustado igualmente, o que se pode observar na coluna do PV. O valor do ajuste só interfere nos cálculos se o nº 2 estiver selecionado.

O PV oferece três colunas: *Base*, *Ajuste* e *Final*.

- *Base (coluna G)* – exibe os preços do cardápio que estão na Tabela 35 – Preços e margem de contribuição, os quais são os preços correntes. Os preços *Base* não sofrem alterações com as simulações, para manter sempre a referência, sem perder os preços reais do cardápio.
- *Ajuste (coluna H)* – % de ajuste desejado do preço, que pode ser positivo ou negativo.
- *Final (coluna I)* – exibe os preços simulados que sofreram os ajustes pontuais digitados na coluna *Ajuste* ou o reajuste geral.

Ajuste no CMV (coluna F) – se o gestor quiser simular um aumento no CMV de um produto, basta digitar na célula de ajuste correspondente o valor em %. O CMV reajustado não aparece, como no PV, pois é uma informação que, normalmente, não se guarda; todavia, os cálculos levam em consideração o ajuste digitado.

Valor do investimento no restaurante (célula L13) – esse valor pode ser ajustado, por exemplo, se o gestor de um buffet imaginar que, ao comprar um forno combinado, diminuirá o custo fixo, reduzindo o consumo de energia, o tempo de preparo dos pratos, a mão de obra etc., mesmo prevendo um aumento no custo de depreciação. Para isso, basta calcular o valor do ajuste e utilizar a célula M13, ao lado, e digitar o valor correspondente em %.

Dias por mês, Número de turnos, Número de assentos disponíveis e *Valor do tíquete médio* – essas variáveis são muito pertinentes no resultado da operação. Para simulá-las, basta usar as células de ajuste correspondentes (respectivamente, M17, M18, M19 e M20).

Custo fixo e Faturamento – são as variáveis mais simuladas na operação de um restaurante, porque afetam muito o resultado da operação. Aumentar o faturamento (célula M23) sem incrementar o custo fixo (M22) é a chamada alavancagem financeira, que tem reflexos positivos na rentabilidade. Por outro lado, um aumento do custo fixo com um aumento de faturamento pode ser vantajoso, por exemplo, no caso de contratação de voz e violão num final de semana.

Taxa Selic, *Inflação* e *Risco-país* – são índices da economia que ajudam a estabelecer o retorno sobre o investimento. Esses índices, já comentados no tópico "Retorno do negócio", podem auxiliar no cálculo da TMA. A Selic, que pode ser ajustada na célula M24, representa uma taxa sem risco, e a inflação é uma taxa que expressa um risco conjuntural, com forte interferência na rentabilidade – principalmente se apresentar valores altos – e que pode ser ajustada na célula M25 com base nas previsões do mercado.

TMA – A TMA é a taxa real mínima desejada pelo investidor. Se a taxa interna de retorno do investimento (TIR) for menor que a TMA, o investimento no restaurante não está sendo um bom negócio. Na Tabela 42, a TMA é considerada uma taxa real, ou seja, que leva em conta o risco da inflação nos cálculos. Caso o gestor queira verificar a TMA sem a influência da inflação, basta zerar a inflação por meio da tecla de ajuste.

Tabela 42 Simulação da rentabilidade do negócio

			Tipo de ajuste: 1 ou 2		1		
Produtos	Nº FT	Mix de venda %	Ct. mat. vend. (CMV)		Preço de venda (PV)		
			Atual	Ajuste	Base	Ajuste	Final
		0,00%	R$	(+/-)	R$	(+/-)	R$
–	FT1		-		-		-
–	FT2	-	-		-		-
–	FT3	-	-		-		-
–	FT4	-	-		-		-
–	FT5	-	-		-		-
–	FT6	-	-		-		-
–	FT7	-	-		-		-
–	FT8	-	-		-		-
–	FT9	-	-		-		-
–	FT10	-	-		-		-
–	FT11	-	-		-		-
–	FT12						
–	FT13	-	-		-		-
–	FT14	-	-		-		-
–	FT15	-	-		-		-
–	FT16	-	-		-		-
–	FT17	-	-		-		-
–	FT18	-	-		-		-
–	FT19	-	-		-		-
–	FT20	-	-		-		-
–	FT21	-	-		-		-
–	FT22	-	-		-		-
–	FT23	-	-		-		-

Área 1

Despesas variáveis da venda – DVV			
ICMS	0,00%	Simples Nac.	0,00%
PIS	0,00%	Mkt.	0,00%
Cofins	0,00%	Meios pgto.	0,00%
IR	0,00%	Comissão	0,00%
CSSL	0,00%	Perdas	0,00%
Outros	0,00%	**Total**	**0,00%**

Área 2

Outras variáveis da operação do negócio				
			Ajustes (+/-)	Ajustado
Investimento	-			-
	Horizonte de planejamento em meses			
Valor residual do investimento % →	24	36	48	60
	-	-	-	-
Dias por mês		-		
Nº turnos		-		
Nº assentos		-		-
Tkt. médio		-		-
Rotatividade típica		-	A definir	
Custo fixo		300,00		300,00
Faturamento no período		-		-
Taxa Selic (sem risco)		-		
Inflação anual		-		
Risco-país em pontos e %		-	-	-
TMA (a/a)		-		

Área 1

(cont.)

–	FT24		-		-		-
–	FT25	-	-		-		-
–	FT26		-		-		-
–	FT27	-	-		-		-
–	FT28		-		-		-
–	FT29	-	-		-		-
–	FT30		-		-		-
–	FT31	-	-		-		-
–	FT32		-		-		-
–	FT33	-	-		-		-
–	FT34		-		-		-
	FT35	-	-		-		-
–	FT36		-		-		-
–	FT37	-	-		-		-
–	FT38		-		-		-
–	FT39	-	-		-		-
–	FT40		-		-		-
–	FT41	-	-		-		-
–	FT42		-		-		-
–	FT43	-	-		-		-
–	FT44		-		-		-
–	FT45	-	-		-		-
–	FT46		-		-		-
–	FT47	-	-		-		-
–	FT48		-		-		-

(cont.)

Área 5

Resultados da operação				
MC média em %			0,00%	
MC total mensal			-	
Ponto de equilíbrio (R$)			-	
Lucro mensal			(300,00)	
Lucro/Faturamento			-	
Meses	24	36	48	60
TIR a/m	-	-	-	-
TIR a/a	-	-	-	-
Disponibilidade total de assentos			-	
Faturamento diário médio (R$)			-	
Número de clientes no mês			-	
Rotatividade de assentos			-	
Classificação pela rotatividade			Restaurante de luxo	
Classificação pelo tkt. médio			Rest. econômico	
Faturamento potencial			-	
Fat. desejado/Fat. potencial			-	
TMA (a/a)			-	

Área 6

Alertas				
	-			
	Rotativ. encontrada = Rotativ. típica			
	Classificação divergente			
	TIR1 OK	TIR2 OK	TIR3 OK	TIR4 OK

–	FT49	-	-		-		-
–	FT50	-	-		-		-
–	FT51	-	-		-		-
–	FT52	-	-		-		-
–	FT53	-	-		-		-
–	FT54	-	-		-		-
–	FT55	-	-		-		-
–	...	-	-		-		-
–	FT155	-	-		-		-
–	FT156	-	-		-		-
–	FT157	-	-		-		-
–	FT158	-	-		-		-
–	FT159	-	-		-		-
–	FT160	-	-		-		-
		0,00%					

Parâmetros de classificação do restaurante

Tipo	CMV	Rotat. típica	Tkt. médio (R$)
Rest. econômico	35%	3 a 5	Até 20,00
Rest. familiar	33%	2 a 4	20,00 a 40,00
Rest. moderado	30%	1,5 a 2,5	40,00 a 75,00
Rest. de luxo	25%	Até 1,5	Acima de 75,00

Produtos	Nº FT	Margem de contribuição		MC % Média	Fat. ponto equilíbrio		Faturamento mensal			
		R$	%	Ponder.	R$	Unid.	Unid.	R$	MC em R$	Unid./dia
0	FT1	-	-	-	-	-	-	-	-	-
0	FT2	-	-		-	-	-	-	-	-
0	FT3	-	-		-	-	-	-	-	-
0	FT4	-	-	-	-	-	-	-	-	-
0	FT5	-	-	-	-	-	-	-	-	-

Área 3

Área 4

(cont.)

		Área 3					Área 4			
0	FT6	-	-	-	-	-	-	-	-	-
0	FT7	-	-	-	-	-	-	-	-	-
0	FT8	-	-	-	-	-	-	-	-	-
0	FT9	-	-	-	-	-	-	-	-	-
0	FT10	-	-	-	-	-	-	-	-	-
0	FT11	-	-	-	-	-	-	-	-	-
0	FT12	-	-	-	-	-	-	-	-	-
0	FT13	-	-	-	-	-	-	-	-	-
0	FT14	-	-	-	-	-	-	-	-	-
0	FT15	-	-	-	-	-	-	-	-	-
0	FT16	-	-	-	-	-	-	-	-	-
0	FT17	-	-	-	-	-	-	-	-	-
0	FT18	-	-	-	-	-	-	-	-	-
0	FT19	-	-	-	-	-	-	-	-	-
0	FT20	-	-	-	-	-	-	-	-	-
0	FT21	-	-	-	-	-	-	-	-	-
0	FT22	-	-	-	-	-	-	-	-	-
0	FT23	-	-	-	-	-	-	-	-	-
0	FT24	-	-	-	-	-	-	-	-	-
0	FT25	-	-	-	-	-	-	-	-	-

(cont.)

		Área 3					Área 4			
0	FT26	-	-	-	-	-	-	-	-	-
0	FT27	-	-	-	-	-	-	-	-	-
0	FT28	-	-	-	-	-	-	-	-	-
0	FT29	-	-	-	-	-	-	-	-	-
0	FT30	-	-	-	-	-	-	-	-	-
0	FT31	-	-	-	-	-	-	-	-	-
0	FT32	-	-	-	-	-	-	-	-	-
0	FT33	-	-	-	-	-	-	-	-	-
0	FT34	-	-	-	-	-	-	-	-	-
0	FT35	-	-	-	-	-	-	-	-	-
0	FT36	-	-	-	-	-	-	-	-	-
0	FT37	-	-	-	-	-	-	-	-	-
0	FT38	-	-	-	-	-	-	-	-	-
0	FT39	-	-	-	-	-	-	-	-	-
0	FT40	-	-	-	-	-	-	-	-	-
0	FT41	-	-	-	-	-	-	-	-	-
0	FT42	-	-	-	-	-	-	-	-	-
0	FT43	-	-	-	-	-	-	-	-	-
0	FT44	-	-	-	-	-	-	-	-	-

(cont.)

0	FT45	-	-	-	-	-	-	-	-	-
0	FT46	-	-	-	-	-	-	-	-	-
0	FT47	-	-	-	-	-	-	-	-	-
0	FT48	-	-	-	-	-	-	-	-	-
0	FT49	-	-	-	-	-	-	-	-	-
0	FT50	-	-	-	-	-	-	-	-	-
0	FT51	-	-	-	-	-	-	-	-	-
0	FT52	-	-	-	-	-	-	-	-	-
0	FT53	-	-	-	-	-	-	-	-	-
0	FT54	-	-	-	-	-	-	-	-	-
0	FT55	-	-	-	-	-	-	-	-	-
0	...	-	-	-	-	-	-	-	-	-
0	FT155	-	-	-	-	-	-	-	-	-
0	FT156	-	-	-	-	-	-	-	-	-
0	FT157	-	-	-	-	-	-	-	-	-
0	FT158	-	-	-	-	-	-	-	-	-
0	FT159	-	-	-	-	-	-	-	-	-
0	FT160									
		Total	**MC média %**		-	-	-	-	-	-

Área 3

Área 4

A seguir, alguns exemplos expressarão a verdadeira utilidade dessa técnica por meio do modelo matemático de simulação da Tabela 42, em que cada ajuste feito nas variáveis corresponde a alterações no resultado do negócio. A simulação permitirá: identificar a capacidade de cada produto do cardápio em contribuir para pagar os custos fixos e gerar lucro; orientar a elaboração de promoções; avaliar decisões que impactam os custos fixos e o faturamento; verificar a necessidade de pequenas alterações na estrutura física do restaurante; alertar para o momento de fazer grandes reformas; auxiliar na definição do perfil do restaurante em relação ao seu público; estimar riscos de inflação e seus efeitos sobre o retorno desejado; e muito mais, dependendo dos cenários criados e submetidos à simulação.

A simulação utiliza o método do custeio direto, de forma que o custo fixo não será rateado pelos produtos vendidos no período, mas será levado à conta de resultado, confrontando-a com a margem de contribuição total gerada no período para definir o lucro do negócio. Portanto, para simular a lucratividade de um restaurante, não é necessário precificar os produtos do cardápio, o que exigiria o rateio dos custos fixos.

Exemplo 1

O empreendedor pensa em abrir um pequeno bar e, antes, gostaria de simular o sucesso do negócio com base em algumas informações que conseguiu com amigos do ramo.

Ele acredita que poderá faturar em torno de R$ 50.000,00 por mês; pretende abrir o bar dezesseis dias no mês (de quinta-feira a domingo), funcionando somente um turno; e ter dez mesas com quarenta lugares. Tem informação de que o tíquete médio oscila em torno de

R$ 20,00. Com esses dados é possível ter uma ideia das possibilidades do negócio antes de partir para o investimento?

Resposta:

Abra uma cópia da tabela de simulação e proteja-a, mesmo sem digitar um nome para a senha, (recurso do Excel). Dê entrada às informações iniciais que o empreendedor conseguiu, todas na Área 1. Com os dados na tabela de simulação, observa-se, no quadro Resultado da operação, que a Rotatividade de assentos é de 3,91. Isto significa que, durante os dezesseis dias do mês, cada mesa com suas cadeiras terá que ser ocupada quase 4 vezes no turno. Em condições normais é um valor muito alto. Cabe então ao simulador tentar melhorar esse quadro. Suponha que ele considera 2,0 um bom número para a rotatividade. Cinco variáveis influenciam a rotatividade: dias de funcionamento, número de turnos e de assentos, tíquete médio e faturamento.

De saída, o simulador não pensou em aumentar o número de dias de operação nem o de turnos, pois acha que o movimento não se justificaria. Diminuir o faturamento para baixar a rotatividade nunca é uma boa ideia, pensou. Assim, somente duas variáveis deveriam ser simuladas: e o simulador alterou o número de assentos para 60, adicionando mais cinco mesas no bar e considerou um valor de R$ 25,00 para o tíquete médio. Mude essas informações na tabela e veja que a rotatividade diminuiu para 2,08. Suponha que se quer obter exatamente 2,00 para a rotatividade. Use a função *Atingir Meta* do Excel (*Dados – teste de hipóteses – Atingir metas*).

Ao abrir a janela do teste de hipóteses, defina a célula, clicando no valor 2,08, e observe que na janela aparecerá a célula M41. Registre o valor pretendido de 2,0 logo abaixo. Desloque o cursor para *Alternando célula* e clique na variável que vai ser simulada. Se a escolha for o tíquete médio, clique na célula M20; ao confirmar com *ok*, o novo valor dessa variável será 26. Se a escolha recair no número de assentos, o novo valor será de 62. Considere a primeira opção para continuar com o exemplo. Registre a *Rotatividade típica* como sendo 2,0.

Observe que agora o faturamento potencial foi calculado e o alerta mostra que o faturamento escolhido está acima dele. Apesar de ser uma pequena diferença, é bom corrigi-la, o que pode ser feito com um pequeno ajuste na rotatividade típica. Veja que alterando a rotatividade de 2,00 para 2,004 a discrepância desapareceu. Dessa forma o simulador vai dando valores às variáveis e tentando alcançar uma posição que lhe seja conveniente. Observe a classificação do bar. Divergem um pouco, pois pela rotatividade, o bar pode ser familiar ou moderado, enquanto pelo tíquete médio, firma-se como familiar. Mas há uma superposição onde eles convergem. Quando os valores estão próximos, não se faz necessário gastar tempo para deixar tudo perfeito. Agora, introduza o cardápio do bar na Área 1, conforme a sugestão a seguir:

Cardápio:

Produtos	*Mix* de Venda	Custo Unit. Vari. Prod.	Pr. Venda Bruto
1. Entradas	**%**	**R$**	**R$**
Isca de Peixe	2,50%	5,000	12,00
Pastéis (6 unidades)	4,00%	4,000	10,00
Camarão ao alho e óleo	5,00%	8,000	18,00
Caldinho	7,50%	1,000	4,00
Arrumadinho	6,50%	5,000	12,00

(cont.)

Produtos	*Mix* de Venda	Custo Unit. Vari. Prod.	Pr. Venda Bruto
2. Pratos Principais			
Filé-mignon grelhado	3,35%	8,000	16,00
Camarão ao molho de tomate	3,25%	7,000	18,00
Peixe à delícia	2,00%	7,500	16,00
Espaguete à bolognesa	3,90%	5,500	14,00
3. Sobremesas			
Cocada	0,50%	1,00	3,00
Abacaxi grelhado c/ sorvete	0,50%	2,50	5,00
Sorvete — Bola	1,00%	1,00	3,00
4. Bebidas			
Refrigerantes	15,00%	0,98	3,00
Cervejas	24,00%	1,80	3,50
Whisky Nac.	3,00%	1,60	6,00
Whisky Importado	6,00%	3,50	8,00
Caipirinha	2,00%	2,50	6,00
Caipirosca	3,00%	2,50	6,00
Água Mineral	7,00%	0,70	2,50
	100,00%		

Considere os valores colhidos nos jornais ou sites do governo referentes a:

Taxa Selic (sem risco)	10,75%
Inflação anual	5,00%
Risco-país em pontos	300

Registre também o valor do investimento que se estima em R$ 100.000,00 e seus valores residuais para 24, 36, 48 e 60 meses, respectivamente, 50%, 20%, 15% e 10%.

Suponha que o dono do bar estimou os custos fixos, com base na Tabela 27, em R$ 20.000,00 e se satisfaz com uma TIR mínima de 27% a.a. para um horizonte de planejamento de 24 meses, como retorno para o seu investimento.

O contador orientou o dono do bar a respeito dos impostos incidentes sobre as vendas, fazendo a opção pelo Simples com uma alíquota de 7,4%. O empresário admite investir 3% do faturamento em propaganda. Ainda sobre o faturamento, ele acha que vai gastar 4% para dispor do sistema de vendas por cartão de crédito e 5% com comissão para dividir com o pessoal, deixando a gorjeta livre para os garçons e sem incluir taxa de serviço para o cliente. Registrando essas informações na Área 2, os custos variáveis sobre a venda somarão 19,40%.

Todas as informações sobre o negócio estão inseridas na tabela, e o simulador poderá fazer um exercício muito interessante a respeito da rentabilidade do bar. Inicie observando a Área 3, que exibe a margem de contribuição em reais e em porcentagem do preço de venda, além do peso de cada uma dessas margens na formação da margem média que somou 40,28%. O item mais lucrativo é o camarão ao molho de tomate (R$ 7,51) que está nos pratos principais seguido do camarão ao alho e óleo (R$ 6,51) que é uma entrada. No entanto, eles não são os mais importantes na obtenção do lucro, pois ao ponderar-se com o *mix* de venda eles perdem importância para os refrigerantes e cervejas. Isso pode ser observado na coluna da MC média. Os valores desta coluna mostram como cada produto vai influenciar na geração dos ganhos que pagarão o custo fixo e em seguida formarão o lucro. Veja que os refrigerantes e as cervejas contribuem com 7,19% e 7,0%, respectivamente, contra 1,36% e 1,81% dos pratos em questão, na somatória da margem total de 40,28%.

É bom ter produtos com uma margem de contribuição absoluta (em reais) alta, no entanto mais importante é se esses produtos venderem muito. Portanto, incentivar a venda de produtos de maior margem de contribuição é um exercício para o marketing, para que conquistem maior participação no *mix* de venda.

O faturamento no ponto de equilíbrio, como se vê, é de R$ 49.648,67. Se o faturamento do bar fosse exatamente este, o lucro antes do IR – LAIR seria zero, o que se pode verificar alterando-se o valor do faturamento mensal na Área 1. Neste caso, a margem de contribuição total seria exatamente R$ 20.000,00, suficiente para pagar apenas o custo fixo. Retornando o faturamento mensal para os R$ 50.000,00, valor inicialmente previsto, enfrenta-se um problema de rentabilidade. O LAIR é insuficiente para alcançar a TIR mínima aceitável. Várias simulações poderão ser realizadas, por exemplo, aumentando o faturamento mensal, diretamente, na célula correspondente, até que a TIR para 24 meses ou para outro horizonte de planejamento que se deseje, atinja os 27%. O *Atingir metas* do Excel fornece um faturamento de R$ 58.716,32 para o horizonte de 24 meses. O LAIR para este valor é de R$ 3.652,73. O problema é que agora o novo faturamento é superior ao faturamento potencial do bar (R$ 58.716,32 contra R$ 50.019,84), como assinalou o alerta (Área 6).

Várias possibilidades poderão ser testadas pelo simulador: por exemplo, o dono do bar não quer aumentar a estrutura (mesas e cadeiras) prevista, inicialmente, e assim vai ter que admitir trabalhar no faturamento máximo que é de R$ 50.019,84. Ao digitar esse valor na Área 1, o simulador sabe que vai diminuir a TIR e para compensar decide diminuir o custo fixo para R$ 17.000,00. Verifica que ainda não é suficiente e diminui o investimento, sucessivamente, até que a TIR de 27% se verifique para 24 meses. Se utilizar o *Atingir metas*, encontrará facilmente o valor de R$ 86.237,01. O simulador escolhe assim, R$ 86.000,00 para o teto dos gastos com a montagem do bar.

Observe que não se alterou o valor do tíquete médio, pois se transferiria a solução para o mercado, penalizando o cliente, apesar de ser, também, uma possibilidade. Um pequeno incremento na quantidade de assentos, também, poderia resolver a questão, mas para isso precisaria aumentar o investimento ou optar por uma mobília de qualidade inferior. Há inúmeras opções para se conseguir uma solução adequada, inclusive não se precipitando ao querer resolver a questão alterando, demasiadamente, apenas uma variável. Note que não se alteraram os preços de venda dos itens do cardápio nem o *mix* dos produtos, que também poderá ser uma boa solução, mas depende de comparar os preços com os praticados pela concorrência.

A pequena divergência na classificação do bar, pois há uma faixa em que elas se superpõem, serve apenas para alertar que há algo que poderá ser feito para melhorar a operação. Por exemplo, se a rotatividade do bar vai à direção do "moderado" (familiar – moderado), pode-se pensar em aumentar o tíquete médio, adicionando pratos mais bem elaborados, para que o bar classifique-se como moderado. Suponha, assim, um tíquete médio de R$ 35,50 (moderado começa acima de R$ 40,00). Em decorrência, a classificação pela rotatividade foi para "luxo". Observe que, com um número de assentos entre 45 e 58, o bar trabalharia como moderado, (classificação coerente), sem que o faturamento ultrapassasse a capacidade potencial. Sendo assim, é mais conveniente manter o número de assentos em 58, porque permitiria um faturamento maior.

O que realmente importa é trabalhar com lucro suficiente para atender ao retorno desejado, mesmo que as classificações sejam divergentes.

Exemplo 2

Utilizando as células de incremento:

Com as informações finais do *Exemplo 1* na tabela, imagine que o dono do bar gostaria de simular um aumento de 20% no faturamento do bar. Quanto ele poderia admitir de incremento no custo fixo?

Inicialmente, digite um incremento de 20% para o faturamento, na célula M23, e faça o custo fixo igual a R$ 17.000,00. Em seguida acione o *Teste de hipóteses* no menu *Dados* e escolha *Atingir meta*. Na janela que se abre clique na célula K37, pois a TIR precisará ser mantida. Digite então em *Para valor* os 27%, desloque o cursor para *Alternando célula* e clique na célula M22, que corresponde ao incremento do custo fixo, e confirme em *OK*. Na próxima janela pressione *OK*, novamente. O novo faturamento será de R$ 60.023,81, permitindo um incremento de 23,7% no custo fixo, podendo atingir os R$ 21.036,44.

Exemplo 3

O dono do bar fez uma pesquisa no mercado e verificou que seus preços permitem um incremento de 10% sem trazer riscos de diminuir a clientela.

Utilizando a tabela final do exemplo anterior, veja o que acontece com a lucratividade. Incremente os preços de todos os itens do cardápio em 10%, escolhendo o nº 2 na célula H2. Observe que o ponto de equilíbrio será atingido agora com um faturamento menor e igual a R$ 47.866,41, com reflexos na TIR, que passa para 81,74% em 24 meses. Isso possibilitará investir mais, aumentar o custo fixo, tudo no sentido de aumentar, ainda mais, a lucratividade.

Exemplo 4

Depois de todas as alterações feitas, o dono do bar deseja, agora, colocar aos sábados uma atração de voz e violão que custa R$ 3.000,00 por mês. Com esse aumento no custo fixo, ele quer saber se deve ou não cobrar um couvert artístico de R$ 10,00 por pessoa. Nos dois casos, quanto deveria faturar a mais para a ideia valer a pena?

Inicialmente, digite nas células L22 e L23 os valores do custo fixo e do faturamento obtidos nas células N22 e N23, referentes ao exercício anterior. Faça o incremento do custo fixo referente aos R$ 3.000,00. Para isso, calcule em percentagem quanto esse valor representa do custo fixo: 3.000,00 / 21.036,44 = 14,26%; assim, digite 14,26% na célula de ajuste M22, mas antes anote o valor do lucro, pois ele vai ser alterado com o aumento do custo fixo. Observe que o lucro saiu de R$ 5.342,96 para R$ 2.343,17.

Para a atração de voz e violão valer a pena, o dono do bar precisa recuperar esse valor do lucro aumentando o faturamento. Assim, use a função *Atingir metas* do Excel e, em *Definir célula*, clique em M33; em *Para valor*, digite o valor do lucro anterior (5.342,96); e em *Alternando célula*, clique na célula M23 e conclua dando ok. Observe que o lucro foi recuperado e que a célula de ajuste do lucro mostra a necessidade de um aumento de 11,37% no faturamento, que deve passar de R$ 60.123,81 para R$ 66.849,55.

Portanto, se o dono achasse viável esse incremento no faturamento, não precisaria sequer cobrar pelo couvert artístico. Porém, considerando a cobrança do couvert artístico, o dono do restaurante acredita que deverá arrecadar R$ 1.500,00 por mês. Esse valor deverá ser subtraído do custo fixo, o que faz com que o percentual de 14,26%

passe para 7,13% e o lucro passe para R$ 6.842,86. Em *Atingir metas*, o recálculo do faturamento para manter o lucro anterior vai diminuir o ajuste para 5,69%.

A simulação foi feita considerando que o *mix* de venda se manteria o mesmo, porém, na verdade, ele deverá variar para beneficiar o bar, pois as bebidas provavelmente venderão mais com a música. Além disso, como as bebidas têm margem de contribuição melhores, a margem média aumentará; consequentemente, diminuirá o faturamento do ponto de equilíbrio e aumentará a lucratividade. Isso possibilitará ao restaurante fazer promoções, como não cobrar o couvert acima de um determinado gasto, por exemplo. Essa promoção incrementaria o movimento do bar. De acordo com a criatividade do gestor, cenários diversos podem ser criados e testados nessa extraordinária ferramenta de simulação. O importante é poder checar as decisões antes de implementá-las para diminuir o risco de insucesso.

Exemplo 5

O dono do bar implementou a promoção voz e violão, e agora, com o movimento crescente, precisa aumentar a estrutura do restaurante. Ele observou que a TIR do investimento alcançou 81,74% a.a. (K37), o que suportaria um aumento da estrutura do restaurante com novos investimentos, sem perder de vista os 27,0% de retorno desejado. Tendo isso em vista, até quanto o dono pode gastar na infraestrutura de seu restaurante para manter o seu retorno desejado?

O dono do bar fez uma observação ao seu contador sobre o retorno e disse que desejava considerar a inflação no cálculo. Assim, ele adiantou que gostaria que o seu retorno real não fosse inferior a 22% a.a., justificando que diminuindo a TIR de 27% da inflação de 5% chegaria no interessante número de 22%, que ele definiu como a sua TMA. O contador explicou-lhe que o cálculo era um pouco diferente: apesar de a inflação baixa não resultar em grandes diferenças, seria conveniente que ele entendesse a explicação a seguir.

A equação de Fisher trata dessa questão dos riscos dos investimentos, uma vez que a inflação é um risco conjuntural a que os investimentos estão sujeitos. Essa equação, como já vimos, é dada por:

(1 + r) = (1 + i) / (1 + inflação)

O *r* é a sua TMA, e o *i* é a TIR no bar. Se a inflação não fosse considerada, a TMA seria igual a zero e as taxas seriam iguais; no entanto, considerando o risco da inflação, a TMA será:

(1 + r) = (1 + i) / (1+ inflação)
(1 + r) = (1 + 27,0%) / (1 + 5,0%)
TMA = r = 20,95% a.a. ~ 21,0% a.a.

Ou seja, haveria uma redução de 1% na taxa real TMA.

Por outro lado, para manter a TMA em 22,0%, a TIR exigida teria de assumir um valor mais alto, ou seja:

(1 + i) = (1 + r) × (1 + inflação)
(1 + i) = (1 + 22,0%) × (1 + 5,0%)
Assim, i = 1,22 × 1,05 – 1 e TIR = i = 28,10% a.a.

A TIR de 28,10% a.a. vai permitir o risco de inflação de no máximo 5,0% a.a. para manter a taxa real mínima em 22,0% a.a.

O dono do restaurante decidiu, então, manter a TMA em 22,0% a.a. e simulou o valor possível do investimento para o horizonte de 24 meses. Usando o *Atingir metas* do Excel, definiu o valor da TIR (K37) para 28,10%, e, buscando o ajuste do investimento (em M13), o resultado foi um investimento no valor de R$ 143.941,39, que significa um aumento de 67,37% sobre o valor de R$ 86.000,00, o qual era o valor do investimento ajustado no exemplo 1. Dessa forma, o dono do restaurante está equacionando suas pretensões de crescimento com menor risco.

Construindo cenários

A construção de cenários também pode ajudar no uso da tabela de simulação, pois o cenário é uma tomada de posição relativa às variáveis que afetam o negócio; vão desde variáveis passíveis de controle, que podem assumir valores numéricos, até posicionamentos subjetivos, como a influência de decisões econômicas e políticas em qualquer esfera, que poderão influenciar os resultados do negócio.

Um exemplo muito comum acontece com pequenos restaurantes localizados às margens de rodovias movimentadas que, ao serem duplicadas, dificultam ou mesmo impedem o acesso dos clientes motorizados ao restaurante. A construção de um viaduto, por exemplo, nas imediações de um restaurante poderá acarretar uma queda grande no faturamento. Leis locais poderão provocar transtornos incalculáveis a um negócio. A possibilidade de crescimento do país em taxas elevadas deverá provocar o aumento do tíquete médio do restaurante. A implantação de um polo industrial num estado, como o de petróleo no estado do Espírito Santo, trouxe um aumento na rotatividade dos restaurantes na cidade de Vitória, com o consequente aumento do valor do tíquete médio.

A infraestrutura local e a logística poderão ensejar cenários bastante diversos a respeito da maneira como se visualizam os efeitos sobre o custo de obtenção dos insumos.

Construir cenários não significa prever o futuro, mas vislumbrar oportunidades com reais chances de acontecerem a médio e longo prazos. Também precisam ser consideradas a probabilidade de esses cenários não lograrem êxito e as suas consequências. Uma vez delineados, esses cenários precisam ser avaliados e seus impactos, considerados, sobretudo na sua viabilidade financeira. A construção de cenários está muito ligada ao planejamento estratégico, que pensa a empresa nos seus mais variados aspectos. Todavia, a empresa poderá criar cenários que visem estudar questões específicas, por exemplo, como reduzir o CMV e garantir qualidade no fornecimento.

Foi elegendo esse tema que o Mangai – um famoso restaurante de comida regional sediado na cidade de João Pessoa, na Paraíba, e atualmente com filiais em Natal, Recife, Brasília e São Paulo – projetou uma pequena fazenda para a produção de hortifrútis. O restaurante logrou resultados tão expressivos que hoje já conta com três fazendas, responsáveis pelo fornecimento dos hortifrútis para todos os seus restaurantes. Na esteira desse sucesso, desenvolveram a produção de polpa de frutas para sucos e, recentemente, de sorvetes. Na cidade de Catolé do Rocha, no interior da Paraíba, o Mangai produz derivados de leite, como queijos de coalho, manteiga da terra, coalhadas e doces de leite, e essa produção é registrada no SIF (Serviço de Inspeção Federal), o que permite ao grupo vendê-la para todo o país. Atualmente, toda a produção das fazendas é orgânica e, portanto, consoante a um mercado cada vez mais exigente e consciente. Evidentemente, esse projeto não foi executado de uma só vez, mas a preocupação com o cliente, com a qualidade e com o custo dos insumos – preocupações da fundadora Leneide Maia Tavares – foi o mote escolhido, e em função dele os cenários têm sido elaborados, estudados, simulados e implementados, e, certamente, respondem por boa parte de seu sucesso.

O importante na construção de cenários é tentar prever o que poderá alterar os rumos do negócio, tanto com relação a oportunidades quanto a ameaças. É fundamental dar consistência aos dados, discutindo com pessoas do ramo, atualizando-se em boas fontes de informações, contratando especialistas, etc. Em seguida, é necessário fazer um resumo das informações colhidas e submetê-las à simulação, analisando os valores numéricos obtidos e ponderando esses resultados com os outros fatores subjetivos identificados nos cenários.

Vejamos exemplos de questões que podem ser discutidas na preparação de um cenário.

- O que aconteceria se, de repente, um concorrente, oferecendo promoções, começasse a pôr em risco os produtos de maior margem de contribuição? São esses os produtos que mais causam cobiça na concorrência. Portanto, conhecer o ambiente externo e se preocupar com ele é uma tarefa importantíssima.
- Como o mercado receberia um aumento de preços dos produtos ou a entrada de um produto novo?
- Que tal tentar criar barreiras com objetivo de impedir a entrada ou o crescimento dos concorrentes? Essas barreiras seriam criadas com a redução dos preços e por consequência da rentabilidade? Ou com a criação de produtos mais baratos que agissem no sentido de trazer mais clientes ao restaurante e permitissem,

pelo acréscimo de faturamento, pagar mais fácil os gastos fixos? Essas questões começam e terminam no mercado, onde estão os clientes e os concorrentes.

- E por que não criar, além de produtos baratos, produtos mais caros, para se contraporem à entrada dos produtos mais baratos, uns agindo na base e os outros no topo da pirâmide de contribuição? A adoção de medidas nessa direção exige, necessariamente, uma aferição do mercado.
- A automação das ordens dos clientes, com o uso de *palm tops* seria um fator de redução de custos e aumento do faturamento?

Se algumas das indagações têm chances de acontecer, elas precisam estar numericamente refletidas nos custos e nos preços. Outras que não podem ser convertidas em números deverão alimentar a discussão estratégica para a tomada de decisão.

A certeza é de que há uma realidade além dos números. São variáveis intangíveis, que podem afetar o negócio de forma positiva ou torná-lo inviável. Dessa maneira, a criatividade precisa ser exercida e estimulada entre todos os colaboradores, ao passo que seus frutos devem ser reconhecidos. Ideias que provoquem pequenos ganhos de produtividade e redução dos desperdícios poderão garantir posição privilegiada num mercado cada dia mais exigente em qualidade e amante de preços baixos.

Planejando para o lucro

A importância do cardápio

O cardápio é uma peça de extraordinária importância para o sucesso do restaurante. Basta pensar que todo cliente, ao entrar no restaurante, solicita imediatamente o cardápio. Ele deve transmitir para o cliente o propósito da casa, deve informar se é uma sanduicheria, um fast-food, um self-service, um restaurante típico, uma cantina italiana, um restaurante clássico, etc. Imagine se o cardápio estiver descasado de seu propósito. Isso fará o cliente assumir uma posição de desconfiança, o que não é desejável. O cardápio é algo difícil de elaborar, e muitos donos de restaurante não se dão conta disso. Planejar um cardápio exige conhecimentos culinários para expor o que oferecem os pratos, tanto quanto combinar as entradas com os pratos principais, com as sobremesas e com as bebidas. Oferecer um prato assado na entrada e outro assado como principal não está correto. Quem elabora um cardápio precisa conhecer o público que vai atender. Observar idade, sexo, ocupação, poder aquisitivo, hábitos. Um cardápio não é eterno. Precisa ser renovado com frequência e contemplar a sazonalidade de alguns insumos como caça, frutos do mar, frutas e legumes, etc. O cliente sente a preocupação do restaurante em oferecer novidades, e isso faz grande diferença. Outro cuidado está na descrição dos pratos e nos nomes que lhes são atribuídos. O cliente não é obrigado a descobrir ou a adivinhar de que é feito o prato pelo nome que ele tem. Se necessitar colocar em outro idioma, deve-se ser cuidadoso com a tradução. Outro ponto importantíssimo é o projeto gráfico e o material de que o cardápio é feito.

Enfim, o cardápio é uma peça de marketing que merece total atenção. Há pessoas especializadas nessa área, que devem ser contratadas se o dono do restaurante não se sentir capacitado para elaborar um cardápio adequado.

Pesquisas e estudos de mercado

Uma atenção especial deve ser dada às pesquisas e estudos de mercado. Há empresas especializadas no ramo que podem medir e avaliar o posicionamento do restaurante no mercado, com informações bastante úteis e pertinentes. Muitas vezes, essas pesquisas custam caro, o que inibe a preocupação dos donos de restaurante, que se esquecem dela para sempre. No entanto, isso não deve acontecer, mesmo porque algumas pesquisas poderão ser realizadas pelo próprio dono do restaurante, sem nenhum custo.

PESQUISAS SIMPLES

Um formulário com perguntas benfeitas e claras poderá ser utilizado para avaliar o serviço do restaurante, assim como poderá indagar a respeito do que o cliente não gosta ou do que ele mais gosta no restaurante. O formulário poderá ser distribuído a todos os clientes, ou ser dirigido, aleatoriamente, a uma amostra desses clientes, que podem, inclusive, ser premiados por responderem às questões, com uma sobremesa, por exemplo. Esses formulários também poderão ser enviados, de forma organizada, para a residência dos clientes e resgatados após alguns dias. Independentemente da forma como a pesquisa tenha sido feita, o importante é elaborar um relatório de resultados e não deixar que os formulários preenchidos fiquem sem o tratamento adequado. É sempre salutar que toda pesquisa tenha um planejamento prévio que defina o período de sua duração; as indagações que o restaurante deseja fazer aos clientes e os motivos dessas indagações; a equipe que cuidará de tratar os dados recolhidos. Isso é muito importante, principalmente se a pesquisa não for administrada por terceiros, pois evitará que as respostas dos clientes fiquem relegadas, e a pesquisa tenha servido apenas para aumentar os custos fixos e chatear os clientes. É recomendável que seja feita uma pequena reunião com as diversas áreas do restaurante, para que se discuta sobre a pesquisa e se elejam as perguntas a serem feitas.

BLIND-TEST

Algumas pesquisas mais complexas também podem ser feitas pelo próprio restaurante para avaliar a qualidade de um produto novo. Nesse caso, o dono do restaurante pode realizar uma pesquisa do tipo *blind-test*. Veja a seguir como funciona esse tipo de pesquisa.

- Convida-se um grupo de clientes do restaurante (seis a dez), de categorias profissionais diferentes ou de poder aquisitivo distintos para opinarem sobre o novo produto.
- Oferece-se transporte de ida e volta para o teste, que deve ser realizado fora do horário de funcionamento comercial.
- Providencia-se a compra dos produtos concorrentes em quantidade suficiente para a degustação dos dez clientes.
- Elabora-se o produto novo para os clientes degustarem.
- A degustação deve ser feita numa sala especialmente preparada. Veja o exemplo na Figura 1.
- Os degustadores devem usar crachás com seus nomes, a fim de serem facilmente identificados.
- Os produtos a serem degustados devem ser distribuídos sobre a mesa e identificados apenas com um número. Os degustadores não deverão ser informados a respeito de nenhum dos produtos testados, mesmo depois de terminado o teste.
- O chef, ou o dono do restaurante, deverá coordenar a sessão de degustação ou indicar alguém com gabarito para fazê-lo.
- Uma ou duas pessoas, de bom nível, deverão anotar tudo o que for dito pelos degustadores, sem contudo dirigirem a palavra a eles.
- Um pequeno ambiente separado da sala do teste por um vidro espelhado, onde o chef ou o dono do restaurante, a nutricionista ou uma psicóloga possam observar o teste sem serem vistos pelos degustadores, é conveniente, mas se isso for difícil de providenciar, não desanime: esqueça-os.
- Elabora-se um pequeno questionário, de fácil entendimento, com perguntas que possibilitem aos participantes avaliarem os principais atributos dos produtos. Ver exemplo na Tabela 43.
- O coordenador deverá iniciar a reunião agradecendo a participação dos clientes e explicando como será o teste, a fim de deixá-los descontraídos. Em seguida, deve solicitar que, dentro de uma ordem determinada, provem os produtos apresentados, quantas vezes quiserem e alternadamente, de modo que possam dar notas aos atributos já definidos para o teste pelo coordenador. Para cada atributo solicita-se que os participantes deem as notas e comentem o que acharem necessário, de forma que o teste possa ser conclusivo sobre o posicionamento do novo produto perante a concorrência.

- Na sala de degustação, devem permanecer somente o coordenador e a pessoa responsável por anotar os comentários expressos pelos degustadores.
- A degustação deve ser encerrada com um agradecimento pela participação e com a distribuição de um presente para cada degustador, pela cooperação.
- Imediatamente após o teste, deve-se elaborar um relatório com os detalhes observados e com as sugestões de melhoria para o produto novo, se for o caso.
- Realiza-se, finalmente, uma reunião de avaliação com as pessoas envolvidas, principalmente o chef, e aprova-se o produto novo ou elabora-se um plano de ação para corrigir pontos considerados importantes. Outros testes poderão ser realizados até que o produto atinja o nível desejado.
- Se o produto for destinado a um público mirim, o recrutamento fica muito fácil, e pode ser feito nas escolas. Para isso, sugere-se às professoras uma visita dos alunos à cozinha do restaurante após o teste. As professoras normalmente utilizam esse tipo de visita como exercício para os alunos. Nesse caso, as professoras também devem receber um presente.

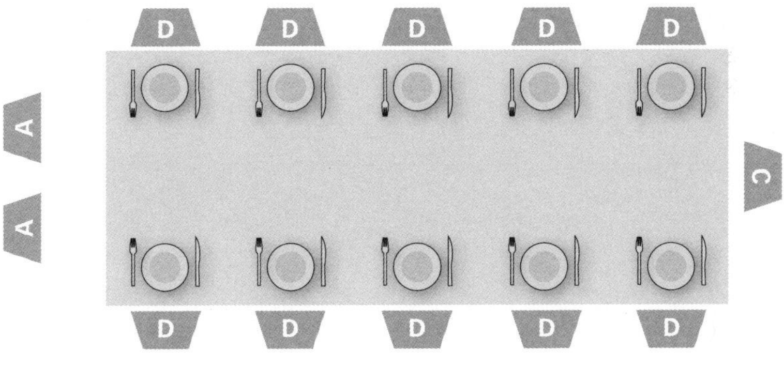

Figura 1 Exemplo de sala para teste de degustação

C - Coordenador da Degustação
D - Degustadores
A - Auxiliares do Coordenador

Tabela 43 *Blind test* – pizza

Nº	Atributos	Notas dos degustadores										
		D1	D2	D3	D4	D5	D6	D7	D8	D9	D10	Média
1	**Massa**											
	Crocância											
	Aspecto											
	Nota geral											
2	**Ingredientes**											
	Tipo de queijo											
	Tipo do tomate											
3	**Pizza**											
	Aparência (mais apetitosa)											
	Cheiro											
	Sabor											
	Nota geral											
4	**Outras**											
	Qual a frequência com que come pizza?											
	Aonde vai mais comer pizza?											
	Usa delivery?											
	Que dia normalmente come pizza?											
5	**Delivery (se for o caso)**											
	Tempo de atendimento											
	Algum ponto negativo - Por quê?											
	Alguma sugestão?											
	Qual o melhor delivery da cidade? Por quê?											

O teste poderá agregar outras perguntas, com ou sem notas, para aproveitar a ocasião e indagar aos degustadores sobre outras questões que sejam importantes.

Alguns cuidados precisam ser tomados com relação ao teste. Os produtos da concorrência precisam ter o mesmo tratamento do produto da casa ou vice-versa. Se o teste é com pizza, por exemplo, a logística de trazer as pizzas para o teste é fundamental. Se as pizzas concorrentes vierem pelo delivery, o teste já as pôs em grande desvantagem. Várias pessoas devem ser convocadas para cuidarem, de forma cronometrada, do transporte das pizzas. A pizza da casa também precisa ter, aproximadamente, o mesmo tempo de preparo das demais. Se as pizzas concorrentes forem reaquecidas, a da casa também precisará ser. A criatividade é o limite para fazer um teste seguro e justo. No caso de uma sobremesa, esse problema de logística inexiste.

A PÓS-VENDA

O trabalho de um restaurante não termina quando o cliente paga a conta e vai embora. Uma grande arma da venda é a pós-venda, que cumpre dois grandes objetivos: primeiro, indagar sobre a satisfação do cliente com o serviço prestado, para corrigir eventuais falhas e, em segundo lugar, encantar o cliente com uma atenção que ele não está acostumado a receber.

A arguição ao cliente deve ser feita por telefone e, por isso, precisa ser curta e objetiva. Pode, inclusive, estar escrita para evitar erros. Deve haver uma folha impressa para receber as informações colhidas do cliente para que não haja necessidade de elaborar um relatório. Ver sugestão na Tabela 44.

Diariamente, pelo menos, dois ou três clientes deveriam ser contatados, e suas observações comentadas com os colaboradores antes de se iniciar o turno seguinte, de forma que, se há algo errado, as providências possam ser tomadas com diligência.

Num restaurante, diferentemente de uma loja de venda de passagens aéreas, por exemplo, não há a facilidade de se dispor do número do telefone do cliente, mas isso poderá ser feito de forma inteligente. Na hora do pagamento da conta, o garçom, ou o caixa, poderá colher essa informação explicando que é para a pós-venda; ou o restaurante pode dispor de um pequeno formulário onde, de maneira sutil, consiga a atenção do cliente para registrar o número do seu telefone. Nos casos de serviço de entrega, a pós-venda é totalmente possível e recomendável. Na Tabela 44, segue um exemplo de relatório de pós-venda.

Algumas empresas fazem o serviço de pós-venda de forma mais intensa durante um período, que pode ser de um mês e, se não há nada de preocupante, repetem o serviço a cada trimestre. Na verdade, o bom será uma amostragem permanente para garantir a qualidade dos serviços oferecidos. A medição é fundamental para um nível adequado de qualidade.

Tabela 44 Serviço de pós-venda

<table>
<tr><th></th><th colspan="4">Visita ao restaurante</th><th colspan="3">Contato c/ cliente</th><th colspan="2">Avaliação interna</th></tr>
<tr><th>Nº</th><th>Nome do cliente</th><th>Telefone</th><th>Data</th><th>Hora</th><th>Com quem falou</th><th>Data</th><th>Hora</th><th>Nota (1 a 10)</th><th>Data/Grupo</th></tr>
<tr><td rowspan="2">1</td><td></td><td></td><td></td><td></td><td></td><td></td><td></td><td></td><td></td></tr>
<tr><td colspan="9">Comentário do cliente:</td></tr>
<tr><td rowspan="2">2</td><td></td><td></td><td></td><td></td><td></td><td></td><td></td><td></td><td></td></tr>
<tr><td colspan="9">Comentário do cliente:</td></tr>
<tr><td rowspan="2">3</td><td></td><td></td><td></td><td></td><td></td><td></td><td></td><td></td><td></td></tr>
<tr><td colspan="9">Comentário do cliente:</td></tr>
<tr><td rowspan="2">4</td><td></td><td></td><td></td><td></td><td></td><td></td><td></td><td></td><td></td></tr>
<tr><td colspan="9">Comentário do cliente:</td></tr>
<tr><td rowspan="2">5</td><td></td><td></td><td></td><td></td><td></td><td></td><td></td><td></td><td></td></tr>
<tr><td colspan="9">Comentário do cliente:</td></tr>
<tr><td rowspan="2">6</td><td></td><td></td><td></td><td></td><td></td><td></td><td></td><td></td><td></td></tr>
<tr><td colspan="9">Comentário do cliente:</td></tr>
<tr><td rowspan="2">7</td><td></td><td></td><td></td><td></td><td></td><td></td><td></td><td></td><td></td></tr>
<tr><td colspan="9">Comentário do cliente:</td></tr>
<tr><td rowspan="2">8</td><td></td><td></td><td></td><td></td><td></td><td></td><td></td><td></td><td></td></tr>
<tr><td colspan="9">Comentário do cliente:</td></tr>
</table>

ESTATÍSTICAS DAS VENDAS

A história do restaurante, dada em números que representem seu desempenho, é fator determinante no bom planejamento. Se o dono do restaurante pode consultar, com facilidade, a frequência, o faturamento, as vendas de cada produto, etc., a cada mês, e saber que eventos alteraram, para mais ou para menos, as vendas e os custos, certamente o seu planejamento será muito mais preciso, e ele poderá tomar decisões muito mais acertadas.

Atualmente, existem programas muito bons que registram todos esses dados, além de realizar outras tarefas importantes para o desempenho do restaurante, como as ordens dos clientes, o fechamento da conta, a medição do tempo de atendimento, o registro das vendas por produto e outros tantos trabalhos. Eles fazem isso com tal riqueza de detalhes que melhoram, consideravelmente, o atendimento e contribuem para aumentar o faturamento do restaurante. Não custam caro e o seu benefício é indiscutível. Na eventualidade de o restaurante não adotar um sistema desses, precisa, então, conceber uma maneira de registrar essas informações, o que poderá ser feito em planilhas de Excel. O importante é ter um procedimento administrativo que permita registrar, de forma organizada, essas informações de riquíssimo valor, e que possibilite, com facilidade, o acesso a essas informações.

SAZONALIDADE

O planejamento precisa conhecer a sazonalidade dos insumos para se resguardar de sua falta na entressafra, bem como para programar a alteração do cardápio caso seja necessário. Essa informação colabora, inclusive, para melhorar a lucratividade, ou evitar que ela diminua, pois atinge diretamente os custos. Por exemplo, na questão dos sucos de frutas, é preciso calcular se será vantajoso estocar a polpa para o período de entressafra, ou se será melhor eliminar aquele suco do cardápio. A lagosta, que tem a pesca proibida durante o período de reprodução, poderá sair do cardápio nessa época. Esse tipo de informação é fundamental para um bom planejamento.

Planejando o marketing

Um bom planejamento de marketing sempre traz bons resultados financeiros, além de garantir maior visibilidade do negócio no mercado. Esse planejamento deve começar com a adoção de um calendário anual de marketing, que deve contemplar as datas comemorativas já consagradas pelo mercado, como o Dia das Mães, o Dia dos Pais, o Dia dos Namorados, o Dia do Professor e assim por diante. Outras datas, como as que remetem ao negócio, poderão ser exploradas a fim de chamar a atenção para o ramo e aproveitar o ensejo para faturar. Por exemplo, o Dia da Pizza, o Dia do Sanduíche e por aí vai. A criatividade deve ser exercida plenamente conclamando os colaboradores a cooperar com os temas. Um exemplo de calendário pode ser visto na Tabela 45.

Tabela 45 Calendário de marketing – 2007

Mês	Janeiro	Fevereiro	Março	Abril	Maio	Junho	Julho	Agosto	Setembro	Outubro	Novembro	Dezembro
Marketing restaurante	Projeto Verão	Carnaval Volta às aulas	Gincana	Semana Santa	Dia do Trabalho	Festa junina	Férias escolares	Projeto social	Semana da Pátria	Dia da Criança	Proc. da República	
Marketing institucional	Campanha Verão			Campanha da Páscoa		Campanha Inverno / Responsabilidade social				Campanha Criança	Campanha de Natal	
Ações motivacionais	Jogos de Verão	Baile de Carnaval				Festa junina						Festa final do ano

As campanhas em comemoração a essas datas, bem como o material publicitário correspondente, são da responsabilidade do marketing, que também não pode deixar de fazer as contas do retorno de cada uma dessas campanhas. Fazer as contas significa estimar os custos e o adicional de receita, com a sua respectiva margem de contribuição. Essas ações de marketing devem ser organizadas por um projeto que contenha a justificativa da ação proposta e todas as informações colhidas na época de sua realização. Cada um desses projetos ou campanhas deve ser arquivado, pois essas informações ajudam a planejar as próximas ações e, sobretudo, a evitar surpresas indesejadas. Faltas ou sobras de grandes quantidades de insumos podem ser reflexo de um planejamento deficiente, por exemplo. Veja um exemplo de projeto de marketing para o Dia dos Namorados.

Suponha que o restaurante tem um tíquete médio no valor de R$ 20,00 com um custo total variável de R$ 7,00. Qual deve ser a expectativa de vendas para esse evento supondo os custos estimados na Tabela 46?

Tabela 46 Custos estimados – Campanha Dia dos Namorados

Ação		Quantidade	Valor R$
1	Contratar um violinista		200,00
2	Adquirir rosas vermelhas	100,00	150,00
3	Alugar castiçais	50,00	100,00
4	Comprar velas	55,00	110,00
5	Contratar mídia de rádio FM		500,00
		Total	1.060,00

Duas possibilidades tornarão o investimento viável. A primeira refere-se a um aumento no número de tíquetes:

Margem de contribuição = 20 – 7 = R$ 13,00
Ponto de equilíbrio = 1.060 / 13 = 81 tíquetes a mais

A segunda refere-se ao aumento do valor do tíquete médio. Supondo que a venda normal do restaurante seja de noventa tíquetes, e que nesse dia esse número não se altere, então:

Acréscimo no valor tíquete médio = 1.060 / 90 = R$ 11,78

Concluindo, o restaurante precisará de 81 pessoas a mais no Dia dos Namorados, gastando o mesmo valor médio de R$ 20,00, ou de um incremento no valor do tíquete de R$ 11,78, sem que a frequência aumente naquele dia. No entanto, as duas possibilidades deverão ser trabalhadas: o aumento na frequência e no valor do tíquete médio. Para garantir que isso aconteça, o marketing deverá promover a venda de vinhos, coquetéis especiais, pratos mais exóticos e sobremesas deslumbrantes, que certamente vão, junto com a música do violino, estimular os casais a consumirem mais. A possibilidade de aumentar o valor do tíquete médio é muito provável, portanto o marketing deverá estimular os garçons a venderem mais, inclusive com comissões mais atrativas para os produtos de maior margem de contribuição. Considerando todos esses pontos, o marketing elaborou um plano, como o que pode ser observado na Tabela 47, no qual prevê um incremento de 50% na frequência, que passará de noventa para 135 tíquetes. Também considera que 30% dos clientes (41 clientes) consumirão vinho, 20% (27 clientes) ordenarão os coquetéis especiais e 70% solicitarão as sobremesas (95 clientes). Observe que todos esses consumos são considerados adicionais ao movimento normal do restaurante. A tabela apresenta a margem de contribuição desses produtos, o que possibilita calcular a contribuição adicional total da campanha na ordem de R$ 1.975,50. Ou seja, desse valor já foram deduzidos os custos variáveis de produção ou aquisição e de vendas, de forma que os R$ 1.975,50 contribuirão para pagar os custos adicionais da campanha, orçados em R$ 1.060,00, e mais uma comissão adicional extra, paga aos garçons, de 5% sobre a venda de vinhos, coquetéis e sobremesas, prevista em R$ 128,25. Assim, a campanha será paga e ainda sobrarão R$ 787,25. O cálculo foi feito utilizando-se o valor histórico do tíquete médio (R$ 20,00), mas poderia, também, incrementar esse valor, pois, no Dia dos Namorados, haveria a tendência de se ordenarem pratos mais caros do que nos dias normais, o que aumentaria ainda mais o resultado da campanha. O importante nessa simulação é chamar a atenção para o valor das campanhas e das promoções. Além de ganhos adicionais, o restaurante consolida sua posição no mercado, que não pode prescindir de sua participação nesses tipos de evento, esperados pela comunidade.

O calendário anual de marketing permite, com a antecedência necessária, cuidar das promoções e dos eventos para deles se tirar maior proveito. O registro das ações realizadas, com seus custos e comentários, deverá ser feito de modo a auxiliar nas outras campanhas e na reedição de campanhas semelhantes.

Tabela 47 Plano de marketing Dia dos Namorados

Incrementos no movimento e consumo		
Frequência atual		90
Nova frequência com 50% de incremento	50%	135
Casais tomarão vinho	30%	41
Casais tomarão coquetéis especiais	20%	27
Casais pedirão sobremesas	70%	95
Margens de contribuição		
Dos pratos do cardápio (histórica)	13/20	0,65
Do vinho		15,00
Dos coquetéis		8,00
Das sobremesas		6,00
Contribuição adicional		
Com a venda dos pratos	(135-90) × 20 × 0,65	585,00
Com o vinho	41 × 15	607,50
Com os coquetéis	27 × 8	216,00
Com as sobremesas	95 × 6	567,00
	Margem de contribuição total	1.975,50
Faturamento previsto		
	Pr. Venda	Total
135 tíquetes ao valor médio	20,00	2.700,00
Venda de vinho	35,00	1.417,50
Venda de coquetéis	11,00	297,00
Venda de sobremesas	9,00	850,50
	Total	5.265,00
Incremento no resultado financeiro		
Contribuição total adicional		1.975,50
Incremento nos custos		1.060,00
Comissão adicional s/ vin./coquet./sobr.	5%	128,25
	Incremento líquido	787,25
Avaliação da campanha		
Faturamento c/ campanha		5.265,00
Faturamento s/ campanha	90 × 15	1.350,00
	Incremento no faturamento	3.915,00
Tíquete médio da campanha		39,00

ANÁLISE DA OPERAÇÃO DO RESTAURANTE

É determinante no planejamento do restaurante que as ações desenvolvidas estejam em consonância com a sua categoria, para que não se desembolsem recursos e esforços de forma inadequada. Para isso, certos parâmetros da operação devem ser calculados, pois ajudam a definir o posicionamento do restaurante no mercado, além de auxiliar no planejamento com relação às estimativas na elaboração das campanhas. Por exemplo, calcular o tíquete médio e conhecê-lo separadamente, para alimentos e bebidas, é importante não só no dia a dia do restaurante, como também na hora de estimar o seu crescimento, para que a euforia e o pessimismo não pesem em demasia nas previsões das campanhas. A McDonald's calcula o tíquete médio individualmente por caixa e o tíquete médio geral a cada venda feita. O gerente do turno identifica, por exemplo, que, se um determinado caixa baixou o valor do tíquete médio, ele poderá ter deixado de oferecer a sobremesa ou não está persuadindo o cliente a comprar mais. Essa informação é registrada cada vez que qualquer dos caixas encerra uma venda, e o resultado dela aparece na tela de um computador dedicado à operação. Assim, o gerente age, imediatamente, pressionando o funcionário para melhorar o seu desempenho. Imagine que há restaurante que não sabe o valor do seu tíquete médio ao final do mês.

Outro fator importante é conhecer o potencial de faturamento do restaurante. Essa é uma informação pertinente para qualquer planejamento, pois permite inclusive confrontar a operação atual em relação à sua capacidade total e decidir sobre o aumento das instalações, se houver alta taxa de ocupação ou, pelo contrário, se necessitar de ações que incrementem a frequência e o faturamento. Para isso, é preciso conhecer a disponibilidade e rotatividade de assentos. Todos esses parâmetros são abordados a seguir.

Tíquete Médio

O tíquete médio (TM), ou couvert médio, é a média dos gastos feitos pelos clientes no restaurante. Veja um exemplo.

TM = total da receita / número de clientes

Faturamento no mês: R$ 50.000,00

Número de clientes: 2.500

TM = 50.000 / 2.500 = R$ 20,00

O TM também deverá ser calculado separadamente, para alimentos e bebidas, pois isso fornece maior poder de análise.

TM (Alimentos) = TM_A = faturamento com alimentos / número de clientes

TM (Bebidas) = TM_B = faturamento com bebidas / número de clientes

$TM = TM_A + TM_B$

Suponha que um restaurante faturou no dia R$ 5.000,00, sendo R$ 4.520,00 com alimentos e R$ 480,00 com bebidas. A passagem diária registrou 248 pessoas. Qual o valor do tíquete médio do dia?

TMA = 4.520 / 248 = R$ 18,23

TMB = 480 / 248 = R$ 1,93

TM = 5.000 / 248 = R$ 20,16 ou TM = 18,23 + 1,93 = R$ 20,16

Ao analisar esses números, o dono do restaurante poderá lançar uma campanha para incrementar o TM_B que está muito baixo. Aí está a importância de calcular os TMs separadamente. O valor do tíquete médio está muito ligado ao tipo do restaurante. Um restaurante luxuoso terá de apresentar valores maiores de seus tíquetes médios, evidentemente. Essa variável é muito importante para o restaurante e é sempre uma informação estratégica que deve ser colhida no mercado.

DISPONIBILIDADE TOTAL DE ASSENTOS

A disponibilidade de assentos é o número de cadeiras ou lugares disponíveis no restaurante. A disponibilidade total (DT) é o potencial de oferta de assentos no mês, considerando o número de dias de funcionamento no mês e o número de turnos.

DT = número de assentos × número de dias de operação × número de turnos

Se um restaurante oferece trinta mesas e 110 lugares; não abre às segundas-feiras; atende para o almoço e para o jantar; no último mês registrou uma frequência de 7.500 clientes com um tíquete médio de R$ 20,00, qual é a sua disponibilidade total?

DT = 110 × 22 × 2 = 4.840 assentos por mês

A disponibilidade de assentos influencia a rotatividade do restaurante. Isto será apresentado a seguir.

ROTATIVIDADE DE ASSENTOS

A rotatividade de assentos (RA) mede a rotatividade de pessoas por assento em relação à disponibilidade total em determinado período.

RA = número de clientes / disponibilidade total

No exemplo anterior, a rotatividade será

RA = 7.500 / 4.840 = 1,55

Ou seja, por cada assento da disponibilidade total passou 1,55 cliente

A rotatividade de assentos é um indicador muito pertinente de como opera o restaurante. Se o valor for muito alto, indica que o restaurante está operando bem, atendendo rápido, sem demora para fechar a conta, mas poderá, também, estar perdendo clientes, pois os intervalos para o almoço e o jantar são limitados, e os clientes não admitem esperar em grandes filas. Se for muito baixo, por exemplo menor que 1, indica que a estrutura física do restaurante está dimensionada acima da demanda, o que significa um investimento desnecessariamente maior, que afeta o custo dos produtos via depreciação. Também pode traduzir uma baixa demanda por motivos de qualidade dos produtos e do atendimento ou por preços altos.

PARÂMETROS DE CLASSIFICAÇÃO DOS RESTAURANTES

Há iniciativas que classificam os restaurantes em função de alguns parâmetros relativos ao seu desempenho, por exemplo, como o que está apresentado na Tabela 48.

Tabela 48 Parâmetros de classificação dos restaurantes

Tipo	CMV	Rotatividade típica	Tíquete médio (R$)
Econômico	35%	3 a 5	Até 20,00
Familiar	33%	2 a 4	20,00 a 40,00
Moderado	30%	1,5 a 2,5	40,00 a 75,00
Luxo	25%	Até 1,5	Acima de 75,00

Esses valores podem variar, dependendo da região onde está o restaurante. Enquadrar o seu restaurante nessa tabela é, de qualquer forma, uma maneira de classificá-lo, inclusive como informação para o planejamento.

FATURAMENTO POTENCIAL DO RESTAURANTE

O faturamento potencial do restaurante a partir de um regime estabelecido em termos de tíquete médio, disponibilidade total e rotatividade pode ser calculado assim:

Faturamento potencial = tíquete médio × disponibilidade total × rotatividade típica

No exemplo anterior, o faturamento será

20 × 4.840 × 1,55 = R$ 150.000,00

VALOR DO CUSTO DAS MERCADORIAS VENDIDAS

O valor do custo das mercadorias vendidas (CMV) dos produtos, calculado na ficha técnica, é uma informação que também deve ser analisada, pois exibe o custo de todas as matérias-primas que compõem o produto. Há uma prática no mercado que classifica o CMV como alto, médio e baixo. Veja a Tabela 49.

Tabela 49 Parâmetros de referência do CMV como % do PV

Alimentos e bebidas não alcoólicas	CMV
Menor que 30%	Baixo
Entre 30% e 35%	Médio
Acima de 35%	Alto
Bebidas alcoólicas	
Menor que 25%	Baixo
Entre 25% e 35%	Médio
Acima de 35%	Alto

Os valores dessa tabela são orientativos e permitem comparar esse parâmetro do restaurante com os valores de mercado.

ACOMPANHAMENTO DOS RESULTADOS

É primordial que se disponha de uma forma de acompanhar o desempenho do restaurante mês a mês. A melhor delas é comparar certos indicadores numa mesma tabela, o que facilita a análise das informações e evita que o grande trabalho de calculá-los não receba a devida aplicação. A Tabela 50 exibe um exemplo que poderá ser adaptado a qualquer restaurante. É conveniente que, a cada mês, sejam acrescentados comentários que justifiquem as variações observadas. Elas podem acontecer por motivo de sazonalidade, influências de festividades locais ou regionais, programas de marketing especiais, propagandas, etc. Assim, tais informações ficam registradas e auxiliam as futuras programações de compras, recrutamento de pessoal temporário ou grandes serviços de manutenção do restaurante, que deverão ser realizados quando o movimento for baixo. É interessante que se busque obter de outros restaurantes da região, ou mesmo de outras regiões, os valores para cada um desses itens de desempenho, numa troca de informações que será salutar para todos, principalmente como auxílio ao planejamento.

A Tabela 50 poderá ser preenchida, automaticamente, se todas as informações estiverem interligadas corretamente, dispensando qualquer trabalho adicional. Para que a rotatividade de pessoal, última informação dessa tabela, seja incluída automaticamente, necessita-se que as informações relativas ao quadro de pessoal sejam fornecidas de acordo com a equação apresentada no rodapé dessa tabela, mensalmente calculada em uma tabela à parte e interligada com ela.

ORIENTAÇÃO PARA A IMPLANTAÇÃO DO SISTEMA DE GESTÃO DO LUCRO

O aprendizado dos conceitos e dos ensinamentos contidos ao longo deste livro permitirá ao dono do restaurante elaborar, com simplicidade e rapidez, um sistema para gerir o lucro do seu negócio e compreender como a lucratividade dos itens de seu cardápio poderá pagar os seus custos fixos e gerar o desejado lucro.

Uma forma interessante de conduzir a implantação do sistema de gestão do lucro é dividi-la em duas etapas: a primeira fornecerá informações sobre a lucratividade dos itens do cardápio, mesmo antes que todo o sistema esteja implantado; a segunda consiste na conclusão da implantação do sistema, o que gerará um conjunto precioso de informações sobre a operação do negócio, indispensável à gestão do restaurante.

O roteiro a seguir orienta sobre como realizar a implantação do sistema e expõe detalhes que devem ser observados, partindo do pressuposto de que o leitor já tenha lido a respeito das tabelas no livro:

Primeira etapa: concentra-se na lucratividade dos itens do cardápio

1) Selecione, entre os seus colaboradores, alguém de atitude e que tenha afinidade para trabalhar com tabelas do Excel. Se possível, proporcione-lhe a oportunidade de participar de um curso sobre este livro, o qual, sob solicitação, poderá ser oferecido em sua cidade pelo Sebrae ou pela Abrasel, a baixo custo.
2) Entenda como preencher as tabelas 16, 18, 19, 28 e 35. Se o restaurante não utiliza um software para as vendas de salão, estude também a Tabela 14. Se o restaurante for self-service, aprenda a Tabela 32.
3) Preencha as tabelas indicadas no item 2. Uma vez preenchidas, já será possível avaliar a operação do restaurante em relação à rentabilidade dos itens do cardápio. Para isso, retorne ao livro e releia o trecho que comenta a Tabela 35.

Observações que ajudam no preenchimento das tabelas:

- A maioria dos insumos utilizados nas receitas culinárias tem fator de correção igual a 1, no entanto as proteínas, os hortifrutigranjeiros e as frutas apresentam variações significativas nesse valor. Caso o restaurante não deseje, de início, calcular o fator de correção para esses insumos utilizando a Tabela 16, o que seria o correto, poderá verificar o valor de literatura desses insumos na Tabela 15. Os insumos cujo consumo seja considerado classe A pelo método da curva ABC e que não tenham fator de correção igual a 1 de-

Tabela 50 Acompanhamento do resultado da operação

												ANO:				
Item	Un.	Jan	Fev	Mar	Abr	Mai	Jun	Jul	Ago	Set	Out	Nov	Dez	Total	Total do ano anterior	%
Dias por mês	Dias	-												-		
Nº turnos	Turnos	-														
Nº assentos	Assento	-														
Disponibilidade Total Assentos	Assento	-	-	-	-	-	-	-	-	-	-	-	-			
Faturamento mensal	R$	-												-		
Despesa Variável da Venda	%	0,0%														
Faturamento Líquido	R$	-	-	-	-	-	-	-	-	-	-	-	-	-		
Faturamento Potencial	R$	-	-	-	-	-	-	-	-	-	-	-	-	-		
Fat. mensal / Fat. potencial	%	0,0%	-	-	-	-	-	-	-	-	-	-	-	-		
Nº de Tiquetes	Tíquete	-												-		
Tíquete Médio TM	R$	-	-	-	-	-	-	-	-	-	-	-	-	-		
TM A	R$	-												-		
TM B	R$	-												-		
Rotatividade de assentos	Cl. / Ass.	-	-	-	-	-	-	-	-	-	-	-	-	-		

(cont.)

												ANO:				
Item	Un.	Jan	Fev	Mar	Abr	Mai	Jun	Jul	Ago	Set	Out	Nov	Dez	Total	Total do ano anterior	%
Rotatividade Típica de assentos	Cl. / Ass.	-														
Classificação pelo TKT Médio	Nome	-	-	-	-	-	-	-	-	-	-	-	-	-		
CMV Total	R$	-												-		
CMV alimentos e ñ alcoólicos	R$	-														
CMV bebidas alcoólicas	R$	-														
CMV Total s/ Faturamento	%	0,0%	0,00%	0,00%	0,00%	0,00%	0,00%	0,00%	0,00%	0,00%	0,00%	0,00%	0,00%	0,00%		
Custos e Despesas Fixas	R$	-												-		
Custos e Despesas Fixas s/ Fat.	%	0,0%	-	-	-	-	-	-	-	-	-	-	-	-		
Lucro Bruto	R$	-	-	-	-	-	-	-	-	-	-	-	-	-		
Lucro Bruto s/ Faturamento	%	0,0%	0,00%	0,00%	0,00%	0,00%	0,00%	0,00%	0,00%	0,00%	0,00%	0,00%	0,00%	0,00%		
Lucro Operacional	R$	-	-	-	-	-	-	-	-	-	-	-	-	-		
Lucro Operacional s/ Faturamento	%	0,0%	0,0%	0,0%	0,0%	0,0%	0,0%	0,0%	0,0%	0,0%	0,0%	0,0%	0,0%	#DIV/0!		

(cont.)

												ANO:				
Item	Un.	Jan	Fev	Mar	Abr	Mai	Jun	Jul	Ago	Set	Out	Nov	Dez	Total	Total do ano anterior	%
Risco do negócio	%	0,0%														
Investimento	R$	-														
Mão-de-obra s/ o Faturamento	%	0,0%														
Custos da ocupação s/ Faturamento	%	0,0%														
Rotatividade dos funcionários	-															

Fórmula para calcular a rotatividade de pessoal:
[(Nº de demissões + Nº de admissões)/2] / Nº de funcionário ativos (no último dia do mês anterior)

verão ter seu valor acompanhado pela Tabela 16. Observa-se uma resistência na introdução desse procedimento de cálculo nos restaurantes, o que é uma pena, pois, além de controlar a qualidade do fornecedor e evidenciar o tamanho das perdas – muitas vezes inadmissíveis –, poderá evitar desvios éticos indesejáveis no recebimento dos insumos. Esse ponto seria uma boa meta para o gestor do lucro estabelecer a seu grupo de colaboradores.

- A Tabela 18 – Ficha técnica deverá ser preenchida para todos os itens do cardápio, demandando a maior parte do tempo de implantação da primeira etapa. Independentemente de servir para a gestão do lucro, essa ficha é obrigatória pela necessidade de registrar a receita do item. O preenchimento deve seguir, exatamente, a sequência do cardápio, que sempre está organizado por categorias, como: entradas, pratos principais, sobremesas, drinques, bebidas, etc. Os drinques necessitam ter sua ficha técnica, pois são processados, diferentemente das bebidas prontas, cujo CMV irá para a Tabela 35 diretamente da Tabela 19.
- A Tabela 19 – Acompanhamento do custo de aquisição dos insumos registra o custo de aquisição de todos os insumos do restaurante, como já explicado, e necessita que toda nova aquisição tenha o valor do insumo verificado quanto às variações de custo. Para evitar que um cupom fiscal não seja considerado pela tabela em questão, pode-se usar um pequeno carimbo que será aposto no cupom fiscal ou nota fiscal, indicando que esse documento já foi verificado para aquela

finalidade e poderá seguir para a contabilidade. Geralmente, também, usa-se outro carimbo para garantir que o documento fiscal passou pelo controle de estoque.

- Na implantação da Tabela 35 – Preços e margens de contribuição, é necessário interligá-la com as fichas técnicas, de onde virão as informações dos nomes dos produtos, da modalidade (se é self-service ou não) e do CMV em R$. Mais uma interligação se faz necessária, com a Tabela 28 – Informações complementares, que trará o valor total da DVV em %. Os cálculos na própria tabela serão responsáveis pelo restante do preenchimento. Essa tabela é o único local onde os preços de venda dão entrada no sistema de gestão do lucro, e, por consequência, é o único local onde se registram as suas alterações. Nessa tabela já se pode realizar uma simulação restrita, por meio da qual, ao se alterarem os preços de venda, observam-se seus reflexos no CMV e na MC, assim como, evidentemente, nesses índices em percentagens. Como o PV deve ser o último recurso a ser empregado para resolver as questões de rentabilidade, alterações na receita culinária da ficha técnica também podem ser vistas nessa tabela, modificando-se os valores do CMV e da MC. E por esse caminho o gestor vai ajustando, com conhecimento e de forma prazerosa, a sua rota em direção ao lucro.
- A Tabela 28 – Informações complementares precisa ter algumas informações preenchidas, nessa primeira etapa, que se referem à despesa variável da venda (DVV). Isso concluirá o preenchimento das fichas técnicas (Tabela 18), per-

mitindo realizar simulações por meio da Tabela 35. Quando do uso da Tabela 42 – Simulação da rentabilidade do negócio, será necessário que as informações sobre o investimento e o funcionamento do restaurante sejam fornecidas à Tabela 28, complementando o seu preenchimento.

- A Tabela 14 – Controle de vendas e *mix* de vendas e a Tabela 32 – Custo e resultado do self-service estão interligadas com a Tabela 35. O peso pós-cocção da Tabela 14 vem da Tabela 18.

SEGUNDA ETAPA: COMPLEMENTA O SISTEMA DE GESTÃO DO LUCRO

Mais seis tabelas completam o sistema de gestão do lucro, no detalhamento a que este livro se propõe, são elas: 26, 27, 31, 32, 42 e 50. Os números não estão sequenciados, pois as outras tabelas têm caráter didático, sem aplicação prática no sistema de gestão do lucro. Ao preenchê-las, o processo se completa e o dono do restaurante poderá desfrutar de um elenco de informações valiosas que trarão um significativo incremento para a gestão, dando-lhe condições de tomar decisões mais acertadas.

Observações que ajudam no preenchimento das tabelas:

- A Tabela 26 – Controle da depreciação mensal será mais facilmente preenchida se o dono do negócio tiver lido este livro antes de iniciar a montagem do seu restaurante. Caso o restaurante já esteja montado e o seu contador não lhe proporcione essas informações, faça um levantamento, por área, separando a parte da produção da administrativa e do salão de vendas, anotando todos os bens duráveis ou ativos imobilizados, como máquinas, instalações, móveis, veículos, etc., de cada uma dessas áreas que estejam a serviço da operação do restaurante. Se a contabilidade ou a administração não dispuserem do valor de compra desses bens, faça uma estimativa e preencha a tabela da depreciação, conforme orientado no livro.

- A Tabela 27 - Custos e despesas fixos é a informação importante para o cálculo do ponto de equilíbrio que será levada à Tabela 42 com essa finalidade. Para garantir que todos esses gastos sejam apontados, o assistente administrativo poderá elaborar uma tabela com os dias do mês e anotar todos os gastos (veja a Tabela 27) por meio do caixa, pelo qual deverá transitar, obrigatoriamente, todo e qualquer tipo de desembolso feito pela empresa.
- A Tabela 31 - Cálculo do custo total aplica o conceito de custeio por absorção e rateia todos os custos indiretos pelos itens do cardápio. É importante para a precificação desses itens.
- A Tabela 32 apura o resultado do self-service; nenhuma informação é digitada nela.
- Na Tabela 42 - Simulação da rentabilidade do negócio, apesar de ser a maior do sistema, poucas informações precisam ser digitadas, a exemplo do *mix* de venda. Caso o restaurante já utilize algum software de vendas de salão, poderá aproveitar essa informação e copiá-la de uma só vez, adequadamente, sem precisar digitar cada *mix*.
- Recomenda-se que, antes do uso, as tabelas estejam protegidas, com ou sem senhas, a fim de

evitar que as equações sofram alterações indesejadas. Se isso acontecer, o mais correto é fazer um novo download da tabela.

- Mediante solicitação na home page do livro (www.gestaodagastronomia.com.br), o autor poderá fornecer, gratuitamente, um conjunto de tabelas já interligadas. A numeração das tabelas, nesse caso, não segue a do livro e é sequencial. Essas tabelas compõem um sistema de gestão do lucro, de fácil compreensão e de extraordinário valor, e, frequentemente, sofrem alterações, em virtude de melhorias observadas quando da implantação desse sistema em restaurantes.

SOBRE A IMPLANTAÇÃO DA GESTÃO DO LUCRO

Ao longo de anos de trabalho junto a bares e restaurantes, tem-se constatado que, com os conhecimentos aprendidos neste livro, os empresários da gastronomia conseguem melhorar muito a gestão baseada no lucro. Os mais bem-sucedidos têm se preocupado com uma importante tarefa adicional: definir as pessoas que irão garantir a efetividade e a eficácia do sistema de gestão do lucro, o qual engloba dezesseis tabelas interligadas, todas em Excel. Em um futuro próximo, poderá funcionar a partir de um software, que está em desenvolvimento, trazendo mais comodidade aos seus usuários. Essa questão sobre as pessoas é muito séria, pois poderá definir o sucesso ou o insucesso de todo o trabalho. As mudanças na empresa, principalmente as decorrentes de inovações, requerem atitudes que exigirão das pessoas competências comportamentais para as quais elas devem estar preparadas. Essa questão moderna pesquisada e solucionada por universidades norte-americanas trouxe inovações extraordinárias, por meio de ferramentas de levantamento de perfil comportamental capazes de potencializar o desempenho dos colaboradores, quando submetidos a elas. Tais ferramentas exibem com segurança uma radiografia muito precisa das capacidades comportamentais de seus colaboradores, delineando o que deve ser feito, de acordo com a função que lhes será designada, para torná-los aptos a enfrentar os novos desafios, ou mesmo para serem preteridos em determinada função se não apresentarem possibilidades de ajustamento. A iniciativa de alguns restaurantes de buscar essa ajuda é louvável e, sem dúvida, tem alcançado resultados que vão além da gestão do lucro.

O VALOR DAS ASSOCIAÇÕES E DOS SINDICATOS

Uma atenção especial deve ser dada pelos bares e restaurantes, em seu planejamento, aos seus sindicatos e associações. Ninguém pode negar a importância de se ter uma classe unida na defesa dos interesses comuns. Há mais de dois séculos, a história registra feitos inéditos conseguidos quando pessoas resolveram se aglutinar para lutar por causas comuns. É um legado de vitórias e conquistas e, sobretudo, de certeza de que a união de forças é um valor inexorável como instrumento na defesa das necessidades coletivas, nas suas mais diversas manifestações.

Atualmente, há associações e sindicatos, inclusive federações e confederações, que representam bares, restaurantes e hotéis. Essas instituições prestam um grande serviço às classes que representam, mas poderiam ter muito mais força e realizar um trabalho ainda maior se tivessem maior representatividade em termos do número de associados que agregam. A defesa dos interesses dessas classes, muitas vezes, é realizada de maneira heroica, dependente do esforço e da dedicação de poucos.

Há um importante trabalho que essas organizações poderiam prestar para seus associados, na melhoria de desempenho e no fortalecimento do setor, que é prover informações relevantes para nortear os rumos do negócio.

As conversas com dirigentes dessas organizações evidenciam que ainda há um medo generalizado de compartilhar informações. Num mundo globalizado, onde a informação é primordial, não se podem adotar posturas anacrônicas, as quais não colaboram com o esforço dessas instituições para o aprimoramento e o desenvolvimento de seus associados. Conhecer programas que deram certo, medir desempenhos, adotar novos conceitos de logística, disseminar práticas de sucesso são, entre muitas outras, atitudes que engrandeceriam o setor. É possível imaginar a força que teriam a Associação Brasileira de Bares e Restaurantes (Abrasel), os Sindicatos de Hotéis, Restaurantes, Bares e Similares e suas federações, com uma representatividade maciça da categoria.

Não se podem admitir posicionamentos mesquinhos, que tentam tirar proveito da luta de poucos, ficando na espreita para fruir das benesses conquistadas. O mundo atual exige uma postura agressiva, atuante, proativa e, sobretudo, leal para enfrentar as dificuldades de uma sociedade cada vez mais exigente e informada.

Anexo 1

Como fazer a gestão do CMV, da DVV e da MC

A equação da margem de contribuição (MC) é dada por:

$$MC = PV - CMV - DVV$$

A MC cumpre um papel importante, pois representa o quanto sobra do preço de venda (PV), que o cliente pagou, para pagar o custo fixo e gerar lucro. Portanto, é fácil compreender na equação da MC que o gestor precisa focar na diminuição do custo dos materiais vendidos (CMV) e da despesa variável de venda (DVV), a fim de aumentar a

MC, se não quiser trilhar o caminho mais fácil e perigoso de aumentar o PV, o que às vezes é a solução. Um modelo de agenda para o lucro, inspirado no livro *O verdadeiro poder*, de Vicente Falconi, é apresentado a seguir, a fim de orientar o grande trabalho do gestor em busca de um bom resultado.

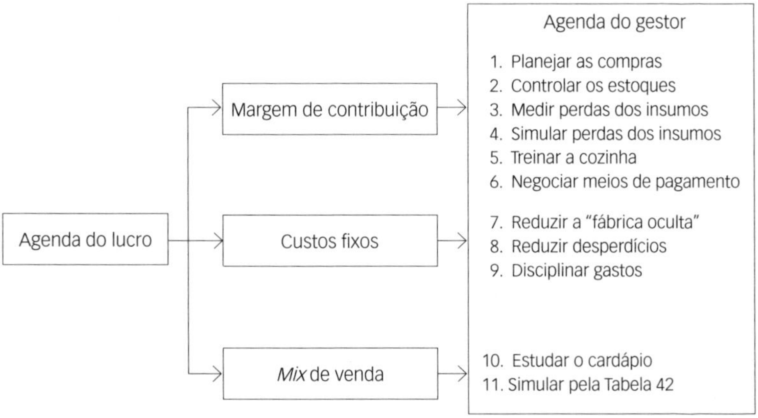

Os assuntos dessa agenda já foram apresentados ao longo deste livro, em tópicos diversos, mas a agenda do lucro cria um roteiro que destaca os principais pontos de um périplo através do qual o gestor precisa navegar, oferecendo, portanto, uma rota segura que tem grandes possibilidades de proporcionar o sucesso na redução do CMV e da DVV ou no incremento do PV.

1. Planejar as compras

Em um restaurante que, normalmente, não trabalha com grandes estoques, o planejamento das compras é fundamental para evitar altos custos de abastecimento. Um planejamento simples, baseado numa previsão de vendas semestral (ver tópico "Plano de vendas"), seria indispensável à redução dos custos de abastecimento. Há sempre dificuldades elencadas pelos gestores ao efetuar essa previsão, mas, na verdade, frequentemente eles não tentam seguir o primeiro plano.

Com base na previsão de vendas ou em sua experiência, elabore um plano de compras pelo menos trimestral para os principais insumos do restaurante. O importante desse planejamento é conhecer o volume de recursos com base no abastecimento do restaurante e, em seguida, recorrer ao banco, que pode emprestar dinheiro a custos muito baixos. Com os recursos garantidos e com uma programação de compras, o fornecedor vai baixar o preço, pois a compra passa a ser à vista, e o pagamento pode ser feito pelo banco diretamente ao fornecedor, a cada faturamento efetivado, eliminando-se o risco de o fornecedor não receber, o que resulta em uma economia extraordinária. Conseguir desconto entre 5% e 10% sobre o valor da compra, pagando juros de 6% a.a., é imperdível. Se o restaurante é muito pequeno e tem dificuldade de acessar a rede bancária oficial do governo, existem programas de microcrédito que são bem mais caros, mas poderão ajudar nesse objetivo.

2. CONTROLAR OS ESTOQUES

É desnecessário abordar a importância e a necessidade do controle de estoque. O tema não faz parte deste livro, mas vale a pena destacar algumas observações:

- Os almoxarifados precisam ter um controle, se possível único, por um colaborador almoxarife, que possa assumir o recebimento e o estoque de todos os insumos, respondendo por eles. O almoxarife deve responder, também, por todos os almoxarifados – os secos e molhados, o material de escritório e o material de limpeza –, e nos três turnos de funcionamento do restaurante, se for o caso. Trabalhando em horário comercial, ou seja, com oito horas divididas em dois turnos, o almoxarife tem condições de administrar os três turnos por meio de normas apropriadas. Na ausência do almoxarife, por exemplo, outras pessoas com cargos de chefia na empresa poderiam, sob registro em livros de ocorrências presentes na porta de cada almoxarifado, acessar esses depósitos, fazendo o registro minucioso do porquê de acessar o almoxarifado em horário não permitido. Todavia, o trabalho do almoxarife inclui a responsabilidade de abastecer a cozinha e o bar do restaurante, a fim de não permitir acesso a eles em horários não permitidos. Portanto, o acesso em horário restrito precisa ser muito bem esclarecido e convincente, além de assinado, com data e hora, pela pessoa que adentrou o almoxarifado. Esses acessos permitem aprimorar as regras e os controles até reduzi-los a zero. O gestor deverá, diariamente, rubricar as ocorrências registradas nos livros para certificar-se das anomalias e investigá-las, como faz um bom líder.

- Um almoxarife não deve ser um colaborador do escritório ou da produção com outras atribuições, pois tem muito o que fazer e é peça fundamental na gestão do lucro. O almoxarife recebe as notas fiscais e as encaminha corretamente para a contabilidade, utilizando carimbos que demonstrem que os documentos passaram por todos os setores envolvidos – pelo próprio almoxarifado, pela administração que cuida do pagamento ao fornecedor, pelo registro eletrônico da entrada dos insumos; para facilitar, esses carimbos podem ter formas diferentes, como um quadrado, um círculo, um triângulo etc. O almoxarife cuida, também, do relatório mensal do CMV, via almoxarifado, confrontando-o com as informações do CMV via fichas técnicas, o que é de suma importância para identificar deficiências nos controles e no cumprimento das receitas das fichas técnicas pela cozinha, para expor possibilidades de desvios éticos, e assim por diante.

- O estoque precisa ser checado por amostragem, semanalmente, pelo gestor, que escolhe alguns itens e checa o saldo do estoque físico com o controle eletrônico. Todo final de mês deve ser feito um balanço geral, a partir do qual se identificam as diferenças ocorridas para ajustá-las; porém, deve-se ter justificativas plausíveis para as diferenças existentes. Dependendo do insumo, diferenças vão existir, mas será necessário definir um limite máximo, e esse limite deve ser incluído no cálculo do custo do insumo.

- Elaborar relatório das diferenças de estoque encontradas é muito salutar para perseguir os erros e servir de base para metas de melhoria.

3. Medir perdas dos insumos

As perdas primárias dos insumos podem ser responsáveis pelo insucesso de muitos restaurantes. Essas perdas vão desde a compra até o estoque do insumo no restaurante, passando pelo seu recebimento. O tópico "Fator de correção dos alimentos" já abordou a importância das perdas, mas algumas observações devem ser examinadas com muita atenção:

- *Compradores do restaurante* – com frequência, várias pessoas são responsáveis por comprar os insumos do restaurante. Isso cria uma indisciplina e facilita os desvios éticos, principalmente se algum insumo for comprado por mais de uma pessoa. Um organograma, mesmo simples, tem a obrigação de resolver essa questão, ou o problema passa a ser de liderança.

- *Recebedores de insumos* – os restaurantes costumam determinar, naturalmente, pessoas diferentes para receber os insumos. Algumas vezes, o recebedor é o próprio colaborador responsável pela compra, o que nunca deveria acontecer. Na grande maioria dos restaurantes, assim, não há normas para o recebimento dos insumos, e isso dificulta ainda mais o controle, que deve ser rígido nessa etapa da produção. Por exemplo, os frutos do mar, que chegam resfriados ou congelados, precisam ter uma regra para seu recebimento, com aferição da quantidade de gelo ou água presente na hora de pesar. A medição do fator de correção, que deve estar incluído na rotina de recebimento, precisa dispor dessas regras, e o fornecedor deve ter conhecimento de que elas existem, pois do contrário pode haver erros – principalmente nas proteínas animais, que têm custos elevados. O custo das perdas nos hortifrútis é igualmente alto, o que vale a pena conferir.

- *Parcerias estratégicas* – algumas vezes, comprar hortifrútis embalados a vácuo é uma saída interessante para diminuir as perdas e reduzir os custos. Isso pode ser feito por meio de parcerias junto aos produtores da agricultura familiar, fornecendo-se treinamento e equipamentos para esse fim, ou negociando-se com cooperativas que já reúnam esses produtores. Com rígido controle de qualidade – que deve ser instituído no fornecimento –, tem-se uma parceria de ganha-ganha, cujas regras podem permitir bons contratos de aquisição, com vantagens no custo final dos insumos.

4. Simular pela Tabela 35

O CMV deve ser cuidado desde a etapa de criação de um produto novo para o cardápio. Quando uma receita culinária é adicionada na ficha técnica, também são exibidos os valores do CMV e da MC, e é nessa hora que os ajustes devem ser feitos para obter valores que permitam a chamada situação confortável, que, na prática, mostra que os restaurantes podem operar, concentrando seus esforços nas práticas reconhecidas da boa administração, sem se sentirem "atropelados" pela necessidade de aventuras e estresses demasiados. Os valores de 30% e 50% para o CMV% e a MC%, respectivamente, são perseguidos, sem, contudo, deixar de levar em consideração os aspectos estratégicos que pesam muito sobre as decisões tomadas.

É na Tabela 35 que o conjunto dos produtos do cardápio se apresenta, possibilitando simular ajustes em qualquer um deles. Por exemplo, se é sabido que uma carne pode sofrer uma redução de peso acima de 50% caso seja servida bem passada, um ajuste de 5% ou 10% no peso que está na receita culinária poderia ser o suficiente para melhorar os índices desse produto sem afetar a qualidade do prato. É evidente que o peso bruto deve ser informado no cardápio para não ser desleal com o cliente.

Outra grande utilidade da Tabela 35 é no desenvolvimento de produtos novos, os quais, antes de irem para o cardápio, devem ser submetidos a essa tabela. Isso deve ser feito no momento do desenvolvimento do produto pelo chef, de forma que se possa elaborar um produto rentável e de boa qualidade.

Assim, a Tabela 35 é uma ferramenta de análise do gestor para submeter ajustes e verificar possibilidades que colaborem para a melhoria da rentabilidade.

5. Treinar a cozinha

É na cozinha que se consolida o valor do CMV projetado, que, por sua vez, define o valor real desse indicador. As fichas técnicas servem, também, para o treinamento do pessoal de cozinha, sobretudo para manter a qualidade do produto final sem comprometer o projeto da rentabilidade. Todo o esforço empreendido na logística do suprimento – por meio de seleção, compra, medição de perdas e estoque para suprir a cozinha – pode não contribuir para o lucro, e até gerar prejuízo, se o pessoal da cozinha não obedecer ao que foi projetado. Não é raro observarem-se distorções acima de 30% no peso das proteínas. No peso dos ingredientes coadjuvantes, há erros ainda maiores. Essas são as perdas mais difíceis de combater, pois há muita restrição do pessoal da cozinha ao cumprimento das determinações. A liderança nessa área tem de ser muito boa para aglutinar o pessoal da produção, e o treinamento é essencial.

O problema é bem menor quando os insumos são porcionados. Existem várias formas de porcionar os alimentos, além da balança, que é o método mais preciso; porém, pelo tempo que consome, a balança é utilizada quando do porcionamento prévio dos insumos. A velocidade da cozinha, assim, exige outras formas para substituir a balança, e duas são muito utilizadas: o peso-volume e o treinamento das mãos. O peso-volume é o peso substituído, inteligentemente, por um volume. Para isso, são utilizados os medidores com volumes impressos (do tipo vendido no mercado), que facilitam a pesagem dos ingredientes. Para um mesmo volume, por conta da densidade do insumo, tem-se pesos diferentes. Portanto, é salutar elaborar um projeto de uso desses medidores para que não se cometam grandes erros. Por exemplo, lembre-se de que o sal é 36% mais pesado do que o açúcar e que o açúcar é 87% mais pesado do que o azeite. Os medidores muitas vezes são substituídos por copos ou outros utensílios de cozinha, os quais precisam ser devidamente identificados para não se cometerem erros. Outra forma de porcionamento é com o uso das mãos. Para regular o peso, o pessoal da cozinha deve ser treinado com a utilização de uma balança, aferindo-se quanto cada colaborador pega de sal, temperos ou queijo ralado (muito usado nas pizzarias), com as mãos e os dedos. Esse treinamento deve ser constante e os pesos devem ser anotados, identificando-se o colaborador, para se ter ideia da variação, que mede o risco de o peso estar acima ou abaixo. Todo esse esforço é necessário para ter um CMV que esteja dentro das variações permitidas, as quais devem ser levadas em consideração no custo dos insumos.

6. Negociar meios de pagamento

Os meios de pagamento – cartões de crédito e débito, tíquetes de alimentação, aplicativos e outras modalidades aceitas – compõem uma parcela importante da DVV. Como são taxas negociadas, tende-se a esquecer delas depois de adotadas. O gestor deve sempre se informar sobre como essas taxas estão no mercado, lembrando-se de que há sempre a oportunidade de reduzi-las, desde que não haja acomodação. Os impostos são despesas que podem ser negociadas de acordo com o regime de tributação do restaurante; por vezes, observam-se restaurantes que esquecem de usufruir de benefícios oferecidos nas esferas federal, estadual e municipal. Uma boa vigilância na contadoria ajuda nessa tarefa.

Uma das formas de calcular com exatidão o custo dos meios de pagamento é, com base na informação ao final do mês de tudo o que foi pago aos diversos meios de pagamentos, dividir esse montante pelo faturamento do restaurante. Essa percentagem, portanto, corresponderá à parcela dessa despesa na DVV. Outra forma de calcular é fazer a média ponderada dessas despesas, por tipo de meio de pagamento, e calcular a média aritmética ponderada. Esse método é interessante para simular esses valores por conta de negociações novas e, sobretudo, para identificar o meio de pagamento mais caro, o que orienta a discussão do gestor com os gerentes de banco de aplicativos. O exemplo do quadro a seguir auxilia no cálculo dessa média ponderada, expondo como o faturamento do restaurante foi recebido pelos meios de pagamento:

Meios de pagamento			
Partilha	*Mix* Fat.	Custo	Média
Cartão de crédito A	20,00%	3,00%	0,60%
Cartão de crédito B	10,00%	2,50%	0,25%
Cartão de débito C	5,00%	1,90%	0,10%
Cartão de débito D	5,00%	1,80%	0,09%
Aplicativo E	40,00%	12,00%	4,80%
Dinheiro F	20,00%	0%	0,00%
Total	**100,00%**		**5,84%**

Multiplicando o custo pelo *mix*, obtém-se a participação do meio de pagamento na média ponderada, que é a soma dessas participações. No exemplo, o custo médio ponderado dos meios de pagamento foi de 5,84%. Esse valor vai para a Tabela 28 compor a DVV.

O importante é avaliar, mensalmente, quanto cada meio de pagamento custou ao restaurante, para que a criatividade possa conduzir a uma solução que diminua a DVV. Veja, no exemplo, que o tipo "Aplicativo" destoa em termos de custo. Isso tem levado alguns restaurantes a optarem por aplicativos próprios, cujo custo é menor do que o de qualquer cartão.

7. Reduzir a fábrica oculta

O conceito de fábrica oculta, criado por Miller e Vollman, chama a atenção para os custos fixos, que, na sua grande maioria, não agregam valor. Essa é uma afirmação verdadeira, que merece muita atenção e reflexão por parte do gestor e seu grupo de colaboradores. Portanto, ler o texto sobre esse assunto no tópico "Por trás dos custos e das despesas fixas" e discuti-lo com os colaboradores certamente promoverá muitas reuniões de brainstorming. As discussões devem focar, de forma organizada, os quatro tipos de transações (logísticas, de equilíbrio, de qualidade e de mudanças), como classificaram os autores do conceito, de forma que os colaboradores, divididos em grupos, possam ser encorajados a identificar a fábrica oculta existente em seus departamentos a fim de sugerir soluções, que devem ser analisadas pelos grupos em reuniões conjuntas; se aprovadas, essas soluções devem merecer o devido reconhecimento e ser adotadas.

8. Reduzir desperdícios

Reduzir os desperdícios deve ser uma preocupação constante da gestão do restaurante. Todavia, somente a preocupação não resolve. O restaurante precisa criar, dentro de sua cultura organizacional, uma cultura antidesperdício. Para começar, tenha a certeza de que as pessoas mudam. O que as pessoas não gostam é de ser forçadas a mudar sem compreender o porquê das mudanças. Por isso, é necessário capacitá-las, mostrando-lhes a relevância de reduzir os desperdícios no contexto da empresa, da nação e do mundo. A sustentabilidade faz parte da estratégia de qualquer empresa para continuar operando no mercado. Nesse contexto, os líderes e o dono do restaurante precisam dar o exemplo: simples gestos como apagar uma lâmpada ou fechar uma porta para economizar o ar-condicionado, ou reconhecer um colaborador por uma atitude em prol do antidesperdício, transmitem o sentimento de que o assunto é levado a sério. O tema é trabalhoso, é uma atividade de todos os dias e do dia todo, e precisa da adesão do conjunto de colaboradores, fornecedores e até clientes. Os desperdícios levam junto parte do lucro, do crescimento e da imagem do restaurante, fatores preponderantes para o sucesso do negócio.

Dividindo o assunto em partes, fica mais fácil empreender planos de ação, pensando separadamente nos desperdícios de alimentos; energia, água e gás; e tempo.

- *Alimentos*: sem dúvidas, é o campeão dos desperdícios. Identificar onde estes são gerados – se antes da cozinha, na cozinha ou depois da cozinha – é fundamental para encaminhar soluções adequadas.
    - » *Antes da cozinha*: aponta para as perdas de fornecimento, o que pode ter participação do fornecedor. Se o fornecedor paga por parte das perdas, certamente as incluirá nos custos. A medição do fator de correção, como já foi mostrado, é

imprescindível para diminuir os desperdícios e/ou reduzir o CMV. Desperdícios também poderão acontecer nos almoxarifados, devido ao tempo de vida dos alimentos, o que identifica compras sem planejamento ou manuseio inadequado do estoque. A verificação do estoque por amostragem, semanalmente, e o balanço no final do mês são medidas acertadas na redução do CMV.

» *Na cozinha*: pode revelar problemas com a manipulação dos alimentos ou com os processos e equipamentos utilizados. O índice de cocção dos alimentos pode variar muito de acordo com o processo de cozimento, pois depende da temperatura a que são submetidos e do tipo da fonte de calor. Um forno combinado, por exemplo, permite diferentes tipos de cocção numa única câmara, evitando desidratação excessiva com o consequente aumento de rendimento. A forma de usar um insumo algumas vezes modifica o valor do fator de correção, por exemplo, um melão, se for utilizado em esferas numa salada, terá um rendimento menor do que se for cortado em fatias. Por outro lado, ossos e partes de carnes, peixes e crustáceos podem enriquecer molhos e caldos, os quais poderão ser utilizados na cozinha, além de servir para a produção de caldinhos. As folhas podem ser usadas na decoração de pratos. As frutas, que amadurecem rápido, podem ser usadas na confecção de doces e bolos. Outra face do desperdício pode ser medida pelo peso pós-cocção, que deve ser apurado após o preparo final do prato, e precisa ser checado com certa frequência, pois tem influência sobre a rentabilidade do self-service, além de ser um indicador de como a cozinha está seguindo a receita culinária da FT. Enfim, o desperdício de alimentos no mundo é estarrecedor, e essa consciência deve estar presente na hora de jogar no lixo alimentos que poderiam ser aproveitados. A assistência de um profissional experiente, como um consultor, pode resultar em soluções rápidas e redução brusca desses desperdícios.

» *Depois da cozinha*: identifica desperdícios que podem se relacionar com o tamanho demasiado grande dos pratos e dos acompanhamentos. Os acompanhamentos, muitas vezes, por serem mais baratos, costumam ser servidos em quantidades exageradas, terminando no lixo – o que, certamente, não está no radar da gestão do lucro. No caso do self-service, o desperdício é indicativo de mau planejamento da comida no salão de vendas (ver tópico "Custo e resultado do self-service"). A sobra limpa, que não pode ser aproveitada para o dia seguinte, pode ser reduzida com regras e com mais atenção do encarregado do salão de vendas na hora de requisitar os alimentos à cozinha. Outra questão relevante no self-service é a aferição das balanças, para não perder dinheiro nem lesar o cliente. Diferenças recorrentes entre as balanças da cozinha e do salão requerem a conferência do peso pós-cocção da ficha técnica, assim como a aferição das balanças de venda e da cozinha. Se os clientes identificam que a pesagem das balanças é fraudulenta, isso poderá comprometer significativamente sua fidelidade, além de gerar denúncias aos órgãos de fiscalização. Nesses casos, o desperdício fica maior, porque se está desperdiçando clientes. Por último, a má qualidade dos alimentos servidos também pode ser responsável por desperdícios, e quando isso acontece sempre há reclamações dos clientes, que devem ser levadas a sério.

- *Energia, água e gás*: fazem parte dos serviços essenciais, sem os quais o restaurante não opera. Também são responsáveis por desperdícios, muitas vezes de difícil identificação, mas com os quais vale a pena se preocupar, pois são redutores de rentabilidade.

  » *Geladeiras e freezers*: verifique as borrachas de vedação das portas – as quais, na falta de energia elétrica, não devem ser abertas. Dependendo dos equipamentos, afastá-los pelo menos 10 cm das paredes. As geladeiras mais modernas também trocam calor pelas laterais. Evite colocar nelas alimentos preparados à base de água (sopas e caldos) guardados em recipientes destampados. Não coloque alimentos quentes, espere que esfriem naturalmente. Acúmulo de gelo nos equipamentos de refrigeração aumenta o consumo de energia; por isso, é necessário programar o degelo.

  » *Tomadas e interruptores*: se muito solicitados, mesmo novos, podem apresentar folgas e aquecimento, resultando em desperdício de energia. Acima de cinco anos de funcionamento, precisam de mais cuidados e de inspeções mais frequentes. No Brasil, há dois tipos de tomadas: de 10 A e 20 A. Jamais podemos forçar o uso de plugues de 20 A (pinos mais grossos) em tomadas de 10 A, pois isso pode gerar sobreaquecimento e, consequentemente, consumo acentuado de energia, ou mesmo um início de incêndio. Um conjunto de lâmpadas led, dependendo da potência de cada uma delas, pode corresponder a uma carga indutiva elevada; portanto, deve-se evitar acioná-lo por um único interruptor, o que diminuiria a sua vida útil. Para isso, há técnicos que fazem o dimensionamento dessas cargas e fornecem a orientação correta para uma boa e durável instalação elétrica.

- *Lâmpadas led*: quando de baixo fator de potência (FP < 0,92), essas lâmpadas funcionam com correntes maiores para a mesma potência e, por isso, consomem mais. A grande maioria das lâmpadas led comercializadas no país, com as mais variadas potências, apresentam FP em torno de 0,50, e, por isso, custam mais barato. Os bons fabricantes de lâmpadas no Brasil fabricam lâmpadas led com FP ≥ 0,92 e obedecem a padrões rígidos de qualidade. Assim, como o fator de potência da lâmpada indica a eficiência do consumo de energia, o restaurante deve dar preferência às lâmpadas led com FP em torno de 0,92. Na verdade, uma única lâmpada não vai impactar os custos, mas centenas de lâmpadas com vida útil em torno de 20.000 horas representarão uma boa economia. O ato de ligar e desligar muitas vezes lâmpadas led diminui sua vida útil. Há outros problemas sérios, como as correntes harmônicas – decorrentes de um fator de potência baixo das lâmpadas – que podem causar danos a equipamentos eletrônicos e computadores, muitas vezes irreversíveis.

- *Ar-condicionado*: os filtros de ar desses aparelhos devem ser limpos no mínimo uma vez por mês, pois, quando sujos, dificultam a troca de calor, resultando num consumo maior de energia. Ajuste adequadamente a temperatura desses aparelhos (entre 23 °C ou 24 °C) e nunca bloqueie as saídas de ar. Na compra desses aparelhos, deve-se optar por aqueles mais eficientes, como os *inverters*, os quais, como não ligam e desligam o compressor durante seu funcionamento (como os *splits*), mantêm a temperatura mais constante e podem promover uma economia em torno de 60%. Dê prioridade aos equipamentos que utilizam o gás ecológico R410a, que não polui o meio ambiente e apresenta melhor rendimento.

- » *Água*: as torneiras de baixa pressão podem ser usadas nos banheiros e nas pias, gerando uma economia que poderá ir além de 30%, principalmente se forem adotados os temporizadores. Já na cozinha as torneiras com aeradores são mais indicadas e podem economizar até 40% de água, pela mistura que promovem com o ar aspirado, que quebra o jato d'água e fornece, através de uma pequena tela, um fluxo uniforme e agradável. Os vazamentos nas torneiras e principalmente nas bacias dos banheiros precisam ser identificados por meio de inspeções mensais.
- » *Gás*: desperdícios de gás são problemáticos, pois podem causar incêndios ou explosões. Inspeções semestrais na rede de gás é uma determinação salutar, pelo risco que o gás representa.

- *Tempo*: de todos os desperdícios abordados, o de tempo é o mais interessante. O tempo não tem cor, nem som, nem odor. Apenas se sente que ele passa, e nada o detém. Diferentemente dos insumos, da água e da energia – que podemos começar a usar e parar de usar, ligar e desligar –, o tempo não oferece opção, por isso, desperdiça-se o que não se aproveita. Num restaurante, como em qualquer empresa, o desperdício desse bem precioso depende fundamentalmente das pessoas, e será tanto menor quanto maior for o conjunto de pessoas conscientes, comprometidas e disciplinadas. Tudo isso se relaciona com a qualidade da liderança, o clima da organização e a cultura da empresa. Se há coragem e disposição da gestão para identificar que não existe interação entre as pessoas, que elas não se enxergam como um grupo, que há dificuldades em compartilhar experiências e que não há crenças nem valores difundidos e compartilhados, está na hora de pedir ajuda ao Sebrae, ao Senac ou à Abrasel, ou mesmo a consultores que possam trabalhar essas anomalias, fazendo com que o tempo de cada colaborador no restaurante seja utilizado de forma inteligente, produtiva e respeitosa, e com o mínimo possível de desperdício.

9. Disciplinar gastos

A Tabela 27 – Custos e despesas fixos registra os gastos que não se referem aos insumos nem às despesas variáveis da venda. São os temíveis custos fixos, que não estão atrelados ao volume das vendas e que o restaurante tem de honrar, independentemente de faturar. Esses custos são confrontados com a margem de contribuição total para calcular o lucro do negócio. Qualquer redução no montante desses custos significa incremento do mesmo valor no lucro do restaurante. Uma prática interessante é selecionar esses gastos em ordem decrescente e, em seguida, verificar aqueles que, somados, representam em torno de 70% do custo total. Define-se, assim, uma prioridade para trabalhar na redução deles. Muitas vezes, identificam-se despesas que podem ser postergadas para um momento de maior faturamento, enquanto outras podem ser reduzidas ou mesmo eliminadas. A análise pode usar um recurso visual como um gráfico de barras, que permite verificar mensalmente o posicionamento desses gastos para ajudar na definição de planos de ação. A disciplina no ato de gastar é uma virtude saudável.

10. Estudar o cardápio

No tópico "A importância do cardápio", foram exibidos detalhes relevantes sobre a elaboração do cardápio do restaurante, assunto que requer uma atenção especial e que deve ser tratado com profissionalismo. Os aspectos relacionados ao design, à descrição adequada dos pratos, à informação ao cliente sobre alguns ingredientes e à rentabilidade de seus itens estão entre as principais questões que conferem ao cardápio a singular propriedade de aumentar o faturamento e o lucro do restaurante. O propósito da agenda do lucro é tão somente ajudar a orientar a confecção do cardápio no que se refere à rentabilidade de seus itens, mostrando como considerá-la de maneira mais adequada. A Tabela 42, utilizada para simulação, é uma boa ferramenta para essa finalidade, porque exibe a lucratividade dos itens do cardápio em duas dimensões: absoluta e relativa. A absoluta é medida pela margem de contribuição do item, isoladamente, e a relativa é medida levando em consideração a sua participação no *mix* do faturamento (ver tópico "Análise pela margem de contribuição e simulação do resultado").

Os especialistas em cardápio costumam utilizar ferramentas de análise gráfica (tipo matriz BCG ou semelhante), que ajudam a tomar decisões com relação ao desempenho dos produtos em referência ao binômio venda-rentabilidade. Para classificar esses produtos numa matriz desse tipo, a Tabela 42 é uma grande aliada. A partir dessa análise, o projetista do cardápio poderá fazer ajustes, solicitando ao gestor mexer nas receitas culinárias (o que deve ser feito com critério), orientar o trabalho dos garçons na venda dos produtos de maior lucratividade, indicar produtos que devem ser removidos do cardápio, e assim por diante. Atenção para o fato de que os garçons tendem a oferecer o produto mais caro em função da comissão sobre as vendas. Promover a venda dos produtos mais lucrativos é tão decisivo para a rentabilidade quanto ajustar as margens de contribuição, e exige programas de premiação para os garçons ou ajustes na comissão numa negociação ganha-ganha.

II. Simular pela Tabela 42

O tópico "Análise pela margem de contribuição e simulação do resultado" mostra, com detalhes, como utilizar a Tabela 42 para elaborar simulações sob diversos cenários. Esse é um exercício salutar para entender as forças e fraquezas do negócio e checar planos antes de executá-los. Os exemplos apresentados naquele tópico são suficientes para o entendimento do assunto. O uso da Tabela 42 deve estar presente na agenda do gestor.

TORCENDO PELO GESTOR

A agenda do lucro é de fácil compreensão, o que não significa que ela seja de simples execução. Como já comentado, a navegação do gestor pela transversalidade que a agenda impõe - passando pela administração, a produção e as vendas - vai exigir dele um perfil comportamental adequado para um percurso seguro. Se a navegação está complicada, certamente a cultura organizacional não está soprando a favor, o que vai exigir muito mais da liderança do gestor para treinar e convencer seus liderados a manter a rota certa. Nesses casos, possivelmente o gestor vai necessitar do apoio de um consultor. Enquanto essa ajuda não chega, o gestor não deve esquecer que o foco principal de seu trabalho é o financeiro. As dificuldades se apresentarão e serão mais facilmente vencidas se as pessoas envolvidas conseguirem entender, plenamente, como executar suas tarefas. Nessa questão, o treinamento é uma arma poderosa e deverá ser meta do gestor, que precisará utilizar recursos internos e externos de forma a capacitar a todos, sem distinção, dentro de um programa viável, inteligente e instrumental, em que as pessoas apliquem o conhecimento adquirido nas tarefas diárias.

Observações: o leitor pode solicitar ajuda sobre o uso das tabelas do livro no site www.gestaodagastronomia.com.br. O autor põe à disposição do leitor o conjunto de todas as tabelas editáveis já interligadas, formando o sistema de gestão do lucro (SGL).

Anexo 2

Modelo para cálculo de taxas equivalentes

Preencha as informações das células em destaque para calcular as taxas equivalentes. O número de capitalização corresponde a quantas vezes ao ano os juros são contabilizados. Se os juros forem contabilizados semestralmente, o número de períodos de capitalização será 2. Se a capitalização for trimestral, esse número será 4, e assim por diante. Na tabela, os juros são contabilizados mensalmente, por isso a tabela exibe o número 12.

Cálculo da taxa efetiva ao ano equivalente a uma taxa efetiva ao mês			
Taxa efetiva ao mês	Nº de períodos de capitalização no ano	Taxa efetiva ao ano	Taxa nominal ao ano
1,00%	12	12,68%	12,00%

Cálculo da taxa efetiva ao mês equivalente a uma taxa efetiva ao ano			
Taxa efetiva ao ano	Nº de períodos de capitalização no ano	Taxa efetiva ao mês	Taxa nominal ao ano
12,68%	12	1,00%	12,00%

Taxa efetiva é o mesmo do que taxa real, ou seja, é a taxa que realmente incide sobre o capital no cálculo dos juros. Por exemplo, uma taxa efetiva ou real de 1% ao mês significa que se aplicará o valor exato dessa taxa a cada período de capitalização. Se os juros forem contabilizados mensalmente significa que, por ano, a taxa efetiva ou real de 1% será aplicada doze vezes, por isso o número de períodos de capitalização é 12. Portanto, a cada mês, o montante da dívida se altera pela aplicação da taxa efetiva e, no final do ano, o montante seria maior do que se fosse aplicada uma taxa igual a 12% (12 x 1%), de uma só vez. No caso de uma taxa efetiva de 1% a.m., a taxa efetiva ou real ao ano é de 12,68%. Portanto, diz-se que uma taxa efetiva de 12,68% a.a. é equivalente a uma taxa efetiva de 1% a.m.

Taxa nominal é, por definição, o produto da taxa efetiva ou real ao mês pelo número de vezes que essa taxa é capitalizada durante o ano. Por isso, a taxa nominal de 12% a.a. corresponde a 1% a.m. efetiva, multiplicada por 12.

EQUIVALÊNCIA DE MEDIDAS

Gastrônoma Yamina Braga

Atores coadjuvantes da cozinha		
It	Utensílio	Volume
1	Colher de sopa	15 ml
2	Colher de chá	5 ml
3	Colher de café	2,5 ml
4	Xícara de chá	240 ml
5	Pitada (Quanto se pode segurar entre os dedos)	2,5 ml
6	Cálice	135 ml
7	Copo americano	250 ml
8	1 xícara de chá = 16 colheres de sopa, em volume	

It	Alimento	Medida equivalente	Peso (g)	Peso (kg)
1	Abacate grande (muito variável)	1 unidade	600,00	0,6000
2	Achocolatado em pó	1 xícara de chá (240 ml)	90,00	0,0900
3	Açúcar granulado (densidade = 800 kg/m³)	1 colher de sopa (15 ml)	12,00	0,0120
4	Açúcar granulado (densidade = 800 kg/m³)	1 colher de chá (5 ml)	4,50	0,0045
5	Alcaparras em conserva	1 colher de sopa (15 ml)	15,00	0,0150
6	Alface	1 folha	8,00	0,0080
7	Alho (dente médio)	1 unidade	3,00	0,0030
8	Alho cru	1 colher de chá (5 ml)	2,80	0,0028
9	Alho cru	1 colher de sopa (15 ml)	8,50	0,0085
10	Alho desidratado	1 colher de sopa (15 ml)	5,00	0,0050
11	Alho-poró	1 xícara de chá (240 ml)	100,00	0,1000

(cont.)

It	Alimento	Medida equivalente	Peso (g)	Peso (kg)
12	Amêndoa laminada	1 colher de sopa (15 ml)	7,50	0,0075
13	Amêndoas, nozes, castanha, amendoim	1 xícara de chá (240 ml)	140,00	0,1400
14	Amido de milho (Maizena)	1 colher de sopa (15 ml)	25,00	0,0250
15	Arroz	1 xícara de chá (240 ml)	200,00	0,2000
16	Arroz arbóreo para risotos	1/4 xícara de chá (60 ml)	50,00	0,0500
17	Arroz vermelho ou preto integral	1/4 xícara de chá (60 ml)	50,00	0,0500
18	Aveia	1 xícara de chá (240 ml)	80,00	0,0800
19	Azeite de oliva extravirgem	1 colher de sopa (15 ml)	14,00	0,0140
20	Azeite de dendê (densidade = 900 kg/m³)	1 colher de sopa (15 ml)	14,00	0,0140
21	Azeite de dendê (densidade = 900 kg/m³)	1 colher de sopa (15 ml)	14,00	0,0140
22	Azeitonas com caroço	1 unidade	3,00	0,0030
23	Azeitonas pretas sem caroço	1 unidade	5,00	0,0050
24	Beterraba tamanho médio	1 unidade	140,00	0,1400
25	Cacau em pó	1 colher de sopa (15 ml)	6,00	0,0060
26	Cachaça de qualquer tipo	1 dose	60,00	0,0600
27	Café solúvel	1 colher de chá (5 ml)	1,00	0,0010
28	Caldo de galinha/carne em tabletes	1 tablete	9,50	0,0095
29	Caldo de galinha/carne líquido	1 colher de sopa (15 ml)	12,50	0,0125
30	Cebola cortada	1 colher de sopa (15 ml)	10,00	0,0100
31	Cebola grande	1 unidade	240,00	0,2400
32	Cebola média	1 unidade	150,00	0,1500

(cont.)

It	Alimento	Medida equivalente	Peso (g)	Peso (kg)
33	Cebolinha	1 colher de sopa (15 ml)	6,00	0,0060
34	Cebolinhas em conserva	1/2 xícara de chá (120 ml)	50,00	0,0500
35	Cenoura crua ralada	1 colher de sopa (15 ml)	12,00	0,0120
36	Chantilly spray	1 colher de sopa (15 ml)	20,00	0,0200
37	Coco ralado	1 xícara de chá (240 ml)	80,00	0,0800
38	Coco ralado	1 colher de sopa (15 ml)	5,00	0,0050
39	Cogumelo desidratado	1 colher de sopa (15 ml)	10,00	0,0100
40	Cogumelo em conserva	1 xícara de chá (240 ml)	107,00	0,1070
41	Colorau	1 colher de chá (5 ml)	5,00	0,0050
42	Cream cracker	1 bolacha	5,00	0,0050
43	Creme de leite	1 colher de sopa (15 ml)	10,00	0,0100
44	Cuscuz – flocos de milho	3/4 de xícara de chá (180 ml)	50,00	0,0500
45	Ervilha congelada em sachê	1 xícara de chá (240 ml)	100,00	0,1000
46	Farinha de rosca	1 xícara de chá (240 ml)	120,00	0,1200
47	Farinha de trigo	1 xícara de chá (240 ml)	120,00	0,1200
48	Farinha de trigo	1 colher de sopa (15 ml)	7,50	0,0075
49	Fava de baunilha – 1 fava	1 fava	3,00	0,0030
50	Feijão carioca	1/2 xícara de chá (120 ml)	60,00	0,0600
51	Fermento em pó	1 colher de sopa (15 ml)	10,00	0,0100
52	Gelatina	1/4 de colher de sopa (3,75 ml)	3,00	0,0030

(cont.)

It	Alimento	Medida equivalente	Peso (g)	Peso (kg)
53	Geleias diversas	1 colher de sopa (15 ml)	20,00	0,0200
54	Gengibre em conserva	1 colher de sopa (15 ml)	15,00	0,0150
55	Ganache chocolate	1 colher de sopa (15 ml)	13,00	0,0130
56	Iogurte natural	1 colher de sopa (15 ml)	15,00	0,0150
57	Leite condensado	1 colher de sopa (15 ml)	20,00	0,0200
58	Leite em pó integral	1 xícara de chá (240 ml)	128,00	0,1280
59	Leite em pó sem gordura instantâneo	1 xícara de chá (240 ml)	68,00	0,0680
60	Leite natural de qualquer tipo	1 xícara de chá (240 ml)	1.032,00	1,0320
61	Leite semidesnatado	1 colher de sopa (15 ml)	14,00	0,0140
62	Lichia em calda	5 unidades (28 g por unidade)	140,00	0,1400
63	Louro em folha	1 folha	0,25	0,0003
64	Maçã verde	1 unidade	160,00	0,1600
65	Maçã vermelha (gala)	1 unidade	140,00	0,1400
66	Manteiga com sal	1 colher de sopa (15 ml)	12,00	0,0120
67	Manteiga da terra	1 colher de sopa (15 ml)	15,00	0,0150
68	Margarina com sal	1 colher de sopa (15 ml)	12,00	0,0120
69	Mel de abelha	1 colher de sopa (15 ml)	15,00	0,0150
70	Mel Karo	1 colher de sopa (15 ml)	20,00	0,0200
71	Misto de nozes e amendoim	1/4 xícara de chá (60 ml)	25,00	0,0250
72	Molho curry	1 colher de sopa (15 ml)	15,00	0,0150

(cont.)

It	Alimento	Medida equivalente	Peso (g)	Peso (kg)
73	Molho de soja	1 colher de sopa (15 ml)	15,00	0,0150
74	Molho de tomate mais denso	1 colher de sopa (15 ml)	20,00	0,0200
75	Molho de tomate menos denso	1 colher de sopa (15 ml)	17,00	0,0170
76	Mostarda	1 colher de sopa (15 ml)	12,00	0,0120
77	Mucilon de arroz	1 colher de sopa cheia	7,00	0,0070
78	Óleo - qualquer tipo	1 colher de sopa (15 ml)	13,00	0,0130
79	Orégano	1 colher de chá (5 ml)	0,29	0,0003
80	Ovo extra grande	1 unidade	65,00	0,0650
81	Ovo grande	1 unidade	58,00	0,0580
82	Ovo pequeno	1 unidade	40,00	0,0400
83	Pão de fôrma	1 fatia	25,00	0,0250
84	Pasta de gergelim (Tahine)	1 colher de sopa (15 ml)	20,00	0,0200
85	Pera tamanho médio	1 unidade	110,00	0,1100
86	Pimenta-do-reino	1 colher de café cheia	1,34	0,0013
87	Pitada	Segurado entre os dedos	2,50	0,0025
88	Queijo brie derretido	1 xícara de chá (240 ml)	240,00	0,2400
89	Queijo brie, camembert, cheddar	1 cubo de (2,5 x 2,5 x 2,5) cm	17,00	0,0170
90	Queijo cremoso	1 colher de sopa (15 ml)	30,00	0,0300
91	Queijo mussarela, provolone	1 cubo de (2,5 x 2,5 x 2,5) cm	17,00	0,0170
92	Queijo parmesão	1 xícara de chá (240 ml)	130,00	0,1300
93	Queijo ralado	1 xícara de chá (240 ml)	125,00	0,1250

(cont.)

It	Alimento	Medida equivalente	Peso (g)	Peso (kg)
94	Requeijão	1 colher de sopa (15 ml)	30,00	0,0300
95	Sal de cozinha (densidade = 2,2 g/cm³)	1 colher de chá (5 ml)	5,00	0,0050
96	Sal grosso para churrasco	1 pitada	1,00	0,0010
97	Salsa picadinha	1 colher de sopa (15 ml)	6,00	0,0060
98	Tâmaras secas sem caroço	5 a 6 unidades (aprox. 9 g/unid.)	50,00	0,0500
99	Tempero para saladas	1/2 colher de chá (2,5 ml)	1,00	0,0010
100	Tempero seco (aipo + cebola + cenoura)	1 colher de chá (5 ml)	5,00	0,0050
101	Tomate-cereja	1 unidade	15,00	0,0150
102	Tomate em cubos	1 colher de sopa cheia	26,00	0,0260
103	Tomate médio	1 unidade	130,00	0,1300
104	Tomates pelados em conserva	1 colher de sopa cheia	20,00	0,0200
105	Trufa negra	1 trufa	6,50	0,0065
106	Uva-passa sem semente	1 colher de sopa (15 ml)	15,00	0,0150
107	Vinagre	1 colher de sopa (15 ml)	6,00	0,0060

Bibliografia

BERNARDI, Luis Antônio. *Política de formação de preços: uma abordagem competitiva, sistêmica e integrada*. São Paulo: Atlas, 1998.

BERNSTEIN, Peter L. *Desafio dos deuses: a fascinante história do risco.* Rio de Janeiro: Campus, 1997.

CNI/SENAI/SEBRAE. *Guia passo a passo para implantação do sistema APPCC*. Brasília:SENAI/DN, 2000. Série qualidade e segurança alimentar.

DUTRA-DE-OLIVEIRA, J. E. & MARCHINI, J. S. *Ciências nutricionais: aprendendo a aprender*. São Paulo: Sarvier, 1998.

FALCONI, Vicente. *O verdadeiro poder*. Nova Lima: INDG, [*s. d.*].

FLANDRIN, Jean-Louis & MONTANARI, Massino. *História da alimentação.* São Paulo: Estação Liberdade, 1998.

FRANCO, Ariovaldo. *De caçador a gourmet: uma história da gastronomia.* São Paulo: Editora Senac São Paulo, 2001.

GITMAN, Lawrence J. *Princípios de administração financeira.* São Paulo: Harbra, 1997.

LEONE, George Sebastião G. *Curso de contabilidade de custos.* São Paulo: Atlas, 1997.

MARION, José Carlos. *Contabilidade empresarial.* São Paulo: Atlas, 1997.

MILLER, Jeffrey & VOLLMANN, Thomas. "A fábrica oculta". Em *Havard Business Review.* Middlebury: Soundview Executive Book Summaries, 1985.

ORELLAS, L. H. Técnica dietética: seleção e preparo de alimentos. Rio de Janeiro: Atheneu, 2001.

OSTRENGA, Michael. *Guia da Ernst Young para gestão total dos custos*. Rio de Janeiro: Record, 1994.

PHILIPPI, S. T. *Nutrição e técnica dietética.* Barueri: Manole, 2003.

PITTE, Jean-Robert. "Nascimento e expansão dos restaurantes". Em FLANDRIN, Jean-Louis & MONTANARI, Massimo, *História da alimentação.* São Paulo: Estação Liberdade, 1998.

SECURATO, José Roberto. *Cálculo financeiro das tesourarias, bancos e empresas.* São Paulo: Saint Paul, 1999.

SILVA, L. B. & MONNERAT, M. P. *Princípios básicos de alimentação para coletividade.* Rio de Janeiro: Cultura Médica, 1986.

SILVA, M. R. & NAVES, M. M. V. *Manual de nutrição e dietética*. 2ª ed. Goiânia: Editora da UFG, 1999.

SILVA, Sandra Maria C. S. da. *Cardápio: guia prático para elaboração*. Rio de Janeiro: Atheneu, 2004.

SOCIEDADE BRASILEIRA DE CIÊNCIA E TECNOLOGIA DE ALIMENTOS. Manual de boas práticas de fabricação para indústria de alimentos. São Paulo: SBCTA, 1990.

VAZ, C. S. *Alimentação de coletividade: uma abordagem gerencial.* Brasília: Lid Gráfica e Editora, 2002.